미국, 어디까지 알고 있니?

미국, 어디까지 알고 있니?

-------- 비행기에 오르기 전 꼭 읽어야 할 미국의 역사 --------

글·그림 홍세훈

웅진 지식하우스

HOW MUCH DO YOU KNOW ABOUT AMERICA?

한국 사람들이 가장 많이 가고, 가장 많이 사는 나라가 어디인지 아시나요? 맞습니다. 미국이지요. 미국 여행은 예전보다 훨씬 자유로워졌고, 해마다 미국 유학생과 어학연수생이 증가하고 있습니다. 또 이제는 청년세대가 영미권 국가로 취업을 하기도 합니다. 그러나 정작 미국에 가보면 우리는 미국에 대해 아는 것이 거의 없다는 걸 절절하게 실감하곤 합니다.

그저 영어를 잘하는 것만으로는 현지에서 한계에 부딪힐 수밖에 없지요. 짧은 여행을 떠나더라도 미국에 대한 배경지식이나 문화 전반의 이해 없이는 겉핥기식에 그치게 됩니다. 글로벌 시대에 함께 경쟁하며 공부하고 일해야 할 이들은 이런 보이지 않는 장벽을 더 크게 느낍니다. 이 책은 무엇보다 그런 독자를 위해 만들어졌습니다. 지리상으로는 수천 킬로 너머 지구 반대편에 있지만 우리 삶에 너무나 가까이에 있었던 미국. 그래서 잘 안다고 생각했지만 사실은 너무나 몰랐던 미국의 역사를 유쾌하고 유익한 만화로 풀어내려고 합니다.

직접 체험한 그들의 문화를 소개하고 저자의 전공 지식을 바탕으로 미국의 역사를 다양한 측면으로 흡수해 풀어낸 이 책은 '미국에 가기 전 반드시 알아야 할 역사와 문화에 대한 기본 상식'이 되어줄 것입니다. 수많은 인종과 넓은 대륙, 그리고 다양한 문화를 갖고 있는 나라, 미국. 이제 그곳의 다채로운 모습이 생생한 에피소드를 통해 살아 있는 이야기로 드러납니다. 담배회사와 대학은 무슨 관계가 있을까? 미국이 세계 경찰을 자처하게 된 배경은 무엇일까? 미국의 기독교는 어떤 모습일까? 다문화 사회에서 만들어진 문화적 습관은 무엇일까? 최초의 흑인 대통령 오바마는 어떻게 탄생할 수 있었을까? 정치, 사회, 경제, 문화의 복잡한 사건들이 '역사'라는 틀 속에서 쉽고 재미있게 다가올 것입니다.

한 나라의 과거와 현재, 그리고 미래를 안다는 것은 단순한 지식을 넘어 또 하나의 세계를 탐험하는 것과 같습니다. 미국을 이해하는 것은 우리의 과거와 현재, 그리고 미래를 이해하는 것과 같습니다. 오랫동안 우리의 현실에 상당한 영향을 주었고, 근현대사의 흐름을 함께 해왔던 미국이라는 나라는 또 하나의 세계이자 우리 안의 또 다른 얼굴인 것입니다. 오늘도 미국행 비행기에 오르려는 수많은 여행자와 학생을 비롯하여, 이 나라에 대한 궁금증을 가진 모두의 손에 이 책 한 권을 권하고 싶습니다.

미국, 이 정도는 알고 가야 합니다.

CONTENTS

PART 03 초기 미국의 얼굴은 어땠을까

PART 04 남부와 북부, 분열은 왜?

PART 05 산업화, 미국의 빛과 그늘

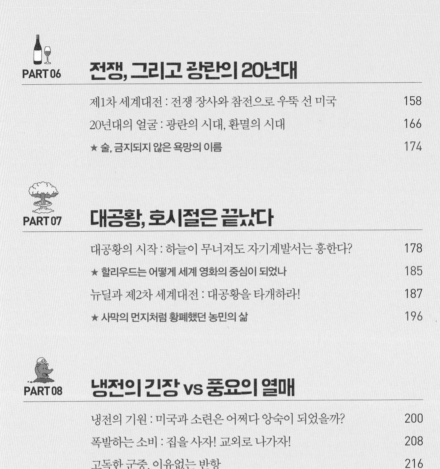

PART 09

저항, 인권, 평화의 시대

PART 10

보수주의의 역습

PART 11

팍스 아메리카나는 어디로 가는가

INTRO

Good morning
America!

미국 동남부

노스캐롤라이나

West
Virginia

Virginia

North Carolina

South
Carolina

Georgia

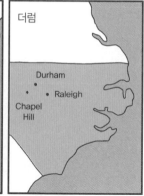

더럼

Durham

Raleigh

Chapel
Hill

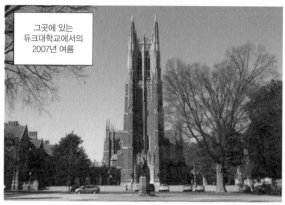

그곳에 있는
듀크대학교에서의
2007년 여름

하이고
맨날 리딩,
페이퍼….

내가 무슨 부귀영화를
보겠다고 여기 와서
이 고생이냐.

헬로, 세훈!

응?

처음엔 저렇게 해서 집중이 될까 싶었는데 이젠 나도 도서관에 오면 소파 자리부터 찾아.

호호

한국에선 좀 다른가보지?

어, 달라. 완전.

?

말해도 안 믿을 거야.

저기요, 숨 좀 작게 쉬어주세요.

오, 세훈! 저기 소파 비었다. 네가 가서 앉아.

정말? 땡큐!

어쨌거나 미국에서의 첫 학기였다.

미국이 꿈의 나라였던 어린 시절을 생각하면 감개무량했다.

지금은 우리도 세계적으로 인정받는 좋은 콘텐츠들을 많이 만들어내고 있지만

비교적 그렇지 못했던 과거에 미국 대중문화의 영향력은 지금보다 훨씬 더 강력했다.

가요보다는 팝송이 좀 더 나은 대접을 받았고

NBA, WWF 등 미국 스포츠도 인기였다.

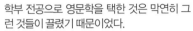

학부 전공으로 영문학을 택한 것은 막연히 그런 것들이 끌렸기 때문이었다.

딱히 뭔가 되고 싶은 건 아직 없고….

그냥 영문학이 맘에 들어.

재수학원

미국 문학과 역사를 공부하면서 미국에 대한 관심은 더 깊어졌고

더 많이 배우겠다고 결국 미국까지 갔다.

출국 →

석사 유학도 재수했네

그곳에서 미국에 대해 더 깊게 공부하고

생생한 미국도 경험할 수 있었다.

졸업 즈음에는 이제 현실에 발을 붙여야겠다는 생각이 들었고

공부만 하다 삼십 대 초반!

졸업 후 귀국해서 평범한 직장인의 삶을 살았다.

이것도 괜찮네.

이 이야기에는 슬픈 반전이 있어…

이 이야기는 미국을 만든 다양한 사건들과 인물들,

그리고 내가 경험한 미국 문화에 대한 이야기다.

늦겠다!

고생하네

앞서 이야기한 대로, 미국 문화는 나뿐만 아니라 많은 사람들의 추억에서 큰 부분을 차지하고 있고

안 닮았지만 피비 케이츠!

현재도 우리의 삶에 깊숙이 들어와 있다.

오늘 콘티 잘 나오네

그래서 이 문화의 정체는 무엇인지, 언제 시작되어 어떤 과정을 거쳐서 우리에게 왔는지

나 어릴 땐 말이야…

네네

모두가 한번쯤 돌아보면 좋겠다는 생각이 들었다.

그것이 알고싶네

미국은 우리에게 무엇인가

또 하나, 좋든 싫든 미국은 세계 최강대국이고

세계사, 특히 한국 현대사에 큰 영향을 미쳤다.

따라서 미국을 아는 일은 세계사의 흐름뿐만 아니라

우리 자신을 아는 일이기도 하다.

내가 배우고 경험한 것은 아주 작은 단편에 불과하겠지만

특별한 관심을 갖고 미국을 공부했던 만큼, 도움이 되는 부분이 있을 것이라는 생각에서 이야기를 시작해본다.

PART 01

아메리카!

사라진 식민지 : 유물이 없는 역사박물관

맥도날드는 역시 어딜 가나 똑같구만.

미국 역사에 관심 있는 분들에게 희소식!

근데 여기는 맨날 야채가 흐물흐물해.

노스캐롤라이나 역사박물관에서 '사라진 식민지' 전시를 합니다.

본고장이면 본고장답게 좀 더 신경 써서… 응?

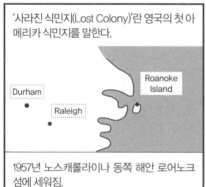

'사라진 식민지(Lost Colony)'란 영국의 첫 아메리카 식민지를 말한다.

Durham

Raleigh

Roanoke Island

1957년 노스캐롤라이나 동쪽 해안 로어노크 섬에 세워짐.

나는 바로 역사박물관으로 향했다.

1492년 콜럼버스가 아메리카 대륙에 상륙한 이래

유럽 강대국들은 아메리카 곳곳에 식민지를 건설했다.

내가 살았던 노스캐롤라이나도

노스캐롤라이나의 주기

영국의 아메리카 식민지 사업 초기에 건설된 식민지였다.

하지만 여전히 도심지 밖은 개발되지 않은 자연 그대로의 땅이라

지인에게 이런 이야기를 하기도 했다.

도로만 빼면 지금 이 광경이 400년 전 영국인들이 여기 와서 본 것과 크게 다르지 않겠죠?

영국이 아메리카 식민지 사업에 뛰어든 것은 16세기 말부터였다.

우리도 가자!

엘리자베스 1세

1585년 월터 롤리 경이 북아메리카를 탐험한 후 그 지역을 '버지니아(Virginia)라 이름 붙였고

'처녀'란 뜻이죠.

여왕님이 처녀니까.

시…시끄러워!

잠깐! 당시 버지니아는 미국의 동남부지역으로, 오늘날의 버지니아 주와는 달라요.

1587년 현재의 노스캐롤라이나 주 로어노크 섬에 150명의 영국인들을 이주시켰다.

이주민들은 생활에 필요한 물자가 충분하지 못했기 때문에

한 잎사귀면 충분합니다.

이주민들의 리더, 존 화이트가 본국에 지원을 요청하기 위해 영국으로 떠났다.

휴지 많이 사와!

용무를 마치고 아메리카로 돌아가려는데 이게 웬일!

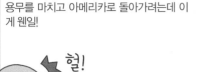

헐!

영국과 스페인 간에 전쟁이 터져 뱃길이 끊긴 것이다.

두고 온 처자식들은 어떡하라고!

화이트는 3년이 지나서야 식민지로 돌아올 수 있었는데

개똥 엄마! 내가 돌아왔소!

도착해 보니 사람들이 흔적도 없이 모두 사라져버렸다.

그들이 어디로 갔는지는 지금도 풀리지 않는 미스터리죠.

학자들끼리도 의견이 분분한데, 원주민들에게 모두 살해당했다는 주장도 있고

원주민들에 동화되어 그들과 함께 살았다는 의견도 있다.

건배!

박물관에 드디어 도착!

티켓값 비싸네!

North Carolina Museum of History

VIDEO

저기… 실례합니다.

STAFF

마네킹이나 다큐멘터리 말고 유물은 없나요?

그릇이나 사냥 도구라든가…

TAFF

'사라진' 식민지라 그런 거 없어요.

태연하게 말하는 안내원이었다.

제임스타운의 탄생 : 대학, 담배, 노예의 상관관계

사회학과 박사과정에 있는 손형을 처음 만난 것은

Hi!

출국 전 듀크대 합격자 모임에서였다.

유학생 커뮤니티를 통해 모이게 됐죠.

지금 누구랑 얘기하세요?

미국에 와서는 같은 아파트 단지에 살아서

저녁 먹으러 올래?

땡큐!

자주 만나 이야기를 나누곤 했다.

형, 소녀시대 알아요?

이승철 노래?

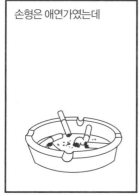

손형은 애연가였는데

담배 없인 페이퍼를 못쓰는 사람이었다.

아휴, 형 좀 줄여봐요.

첫 식민지는 실패했으나 영국의 식민지 사업은 계속되었다.

내 이름을 딴 식민지 하나 세워봐라.

제임스 1세

1607년 사라진 식민지 북쪽에 제임스타운을 건설하여

Jamestown

Roanoke Island
(사라진 식민지)

그곳에 104명의 남자들을 정착시켰는데

여기 무슨 논산 훈련소냐?

야, 난 공대 나왔어.

굶주림과 병으로 이듬해 겨우 38명만이 살아남았다.

안녕 공대생...

그럼에도 불구하고 지도자 존 스미스와 주민들은 일치 단결하여

우리도 장가 갈 수 있다!

생존기반을 다져나갔다.

디즈니 만화 〈포카혼타스〉는 바로 존 스미스의 활약을 소재로 한 만화다.

제임스타운의 생존을 위한 결정적 수단을 찾은 사람은 존 랠프였다.

바로 담배!

그는 원주민들에게 담배 경작법을 배워 재배를 시작했는데

가르쳐주세요.

담배는 곧 식민지의 수출 주력상품이 되었고

노총각들은 장가를 갔다.

저희 잘 살게요~

그런데 담배 재배는 많은 노동력을 필요로 했다.

부족한 노동력을 메꾸고자 1619년부터 아프리카에서 흑인 노예를 들여오면서

SLAVE MART

미국의 노예 제도가 시작되기도 했다.

알겠냐? 다 역사를 기리기 위해 내가 담배를 피우는 거지.

ㅋㅋㅋ

듀크대도 담배 재벌이 세운 학교라구.

그래도 좀 줄여봐요.

응? 교수님한테 메일이 왔네?

유학 첫 학기 교수님이 메일로 내가 토론 참여가 부족하다며 혼을 내셨다.

컥!

어조도 강경하고 벌로 내준 숙제도 엄청나서 눈물이 핑 돌았다.

왜? 연예인 성형 전 사진이라도 떴어?

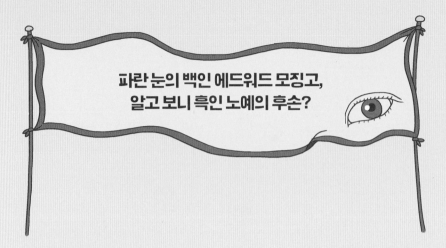

파란 눈의 백인 에드워드 모징고, 알고 보니 흑인 노예의 후손?

〈LA 타임즈〉의 저널리스트 조 모징고Joe Mozingo는 남캘리포니아에서 태어나 자란 파란 눈의 백인 남성이다. 그의 아버지는 '모징고'라는 성이 이탈리아의 모징고 가(家)로부터 건너온 것이라고 전했고, 조는 성인이 될 때까지 그렇게 믿고 살아왔다. 그러나 한편으로는 주변 사람들이 그의 독특한 성에 대해 물을 때마다 이탈리아계라는 것 외에는 가문에 대해 알려진 바가 없다는 것에 의문을 품게 됐다. 그러던 어느 날, 그는 우연히 똑같은 성을 가진 흑인 여자 교수를 만나게 됐는데, 모징고라는 가문이 아프리카에서 미국으로 건너온 흑인으로부터 시작되었다는 충격적인 이야기를 듣게 된다.

2012년 출간된 『The Fiddler on Pantico Run』은 조 모징고가 자신의 뿌리를 찾아가는 여정을 담은 책이다. 흑인 여교수로부터 전해들은 이야기를 시작으로, 그는

여러 도서관과 법원의 옛 자료를 열람했다. 그리고 같은 성을 가진 많은 사람들(흑인, 백인, 혼혈인)을 만나 이야기를 나누며 모징고 가문에 얽힌 수수께끼를 파헤치게 된 것이다.

그가 알아낸 바에 의하면 모징고 가문은 1644년 제임스타운 식민지에 팔려온 약 11세의 아프리카 소년 '에드워드 모징고 Edward Mozingo'로부터 시작되었다. 에드워드 모징고는 28년 후 자유민이 되었으며 담배농사 소작민으로 정착한 뒤 백인 여

모징고라니 반갑네요. 저도 모징고 씨에요.

네엣?!

모징고가 자신의 뿌리를 찾아가는 여정을 담은 『The Fiddler on Pantico Run』

성과 결혼했다.

영국의 아메리카 식민지로 온 아프리카 흑인들이 처음부터 노예였던 것은 아니었다. 그들은 백인과 '주인-하인'의 계약 관계에 있었으며 계약이 종료되면 자유민이 되었다. 결혼은 주로 같은 흑인끼리 이루어졌으나 자수성가한 자유민 흑인 남성과 백인 여성이 결혼하는 일도 종종 있었다. 에드워드 모징고와 그의 백인 아내가 바로 그런 경우였다.

모징고 가문의 사람들은 세대를 기듭하면서 아프리카의 기억을 잊어갔고, 특히 백인과 모습이 비슷해진 후손들은 의식적으로 그것을 잊으려 했다. 그 과정에서 모징고 가문 사람들이 이탈리아계라든가 포르투갈계라는 신화들도 만들어졌다. 현재 미국에서 모징고라는 성을 가진 사람들은 대부분 백인이며, 조 모징고가 만난 그들 중 어떤 사람들은 역설적이게도 공공연한 인종차별주의자들이었다.

노예제도가 완전히 뿌리내리기 이전 미국에서 계약하인으로 일했던 아프리카 흑인들의 사회적 지위가 어며했는지는 오늘날까지도 정확히 알려져 있지 않다. 『The Fiddler on Pantico Run』은 당시엔 흑인들도 계약 종료 이후 자립할 수 있는 여건과 분위기가 형성되어 있었으며 인종 간 결혼도 나중에 비하면 어느 정도 용인되었음을 보여준다. 이것은 조 모징고와 같은 케이스가 드물지 않으며, 오늘날 미국에서 겉으로 보이는 인종 구성의 배후에는 사실 복잡한 가계도가 숨겨져 있을 수 있음을 시사한다.

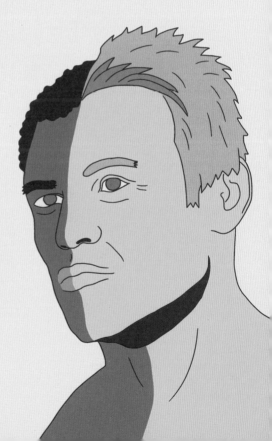

뉴잉글랜드의 청교도 : 새 예루살렘을 건설하자!

자, 그럼 오늘 수업은 이것으로 끝냅시다.

그런데 자네들 중 혹시 오바마 후보가 무슬림이라고 주장하는 메일 받은 사람 있나?

저요!

저요!

허허, 요새 많이 퍼지나보군. 그럼 주말 잘 보내게.

주말 만세!

근데 메일이라니 무슨 얘기야?

아, 그거…

오바마가 무슬림이고 미국을 파괴할 계획을 갖고 있다는 내용의 스팸메일이 퍼지고 있어.

반대 진영에서 뿌리는 거겠지. 오바마에게 타격이 작지 않을 거야.

2008년은 매케인 대 오바마의 대선이 있던 해였다.

오바마가 무슬림이라는 루머는 선거 내내 그를 따라다녔는데

지긋지긋해! 그만 좀 따라다녀!

루머

무슬림 아버지를 두었고 이슬람 국가인 인도네시아에서 유년기를 보냈다는 점 등이 그 근거였다.

저도 이런 제가 싫어요.

근데 이게 제 본성이에요.

루

마음 약해지네…

다른 서구사회와 비교할 때 미국의 기독교는 강력한 사회적 영향력을 행사하고 있다.

저는 '거듭난(born-again)' 크리스챤입니다.

지미 카터 대통령 발언

이런 풍토에서 기독교 신자가 아닌 미국 대통령이 나오는 건 무척 어려운 일이었기 때문에

테러리즘과의 십자군 전쟁은 계속될 것입니다.

조지 W. 부시 대통령 발언

오바마는 대선 내내 자신이 기독교 신자임을 열심히 강조해야만 했다.

할렐루야! 아오!

내게 강~ 같은 평화!

미국 역사 속에서 기독교가 강력한 영향력을 유지해온 것은

1620년 영국을 떠나 아메리카로 향했던 '메이플라워(Mayflower)'호와 관련이 있다.

이 배 안에 있던 사람들은 '청교도'라 불리던 개신교도들로,

영어로는 '퓨리턴 (Puritan)'이라고 하죠.

영국에서 종교박해를 피해 아메리카로 떠난 사람들이었다.

이민 간다~

성공회 천국! 불신 지옥!

이들은 버지니아 식민지 북쪽의 플리머스에 상륙했고

Plymouth

The Virginia Colony

이곳에서 북부 뉴잉글랜드 식민지의 역사가 시작되었다.

넓긴 오지게 넓소, 여보.

긍께 말여.

플리머스는 제임스타운처럼 환경이 열악했던지라

많은 이주민들이 기아와 질병으로 사망했다.

플리머스가 살아남은 것은 인근 원주민들의 도움이 있었기 때문이다.

귀농 컨설턴트 '늑대와 함께 모내기를' 입니다.

원주민들은 이주민들에게 현지의 농법을 가르쳐주었고

대세는 유기농

그 덕분에 플리머스의 이주민들은 생존 기반을 확립할 수 있었다.

첫 추수감사절이 오자 플리머스 주민들은 원주민들을 초대해 함께 음식을 나눴다.

경 Thanksgiving Day 축

어떻게 입에는 맞으신지 모르겠어요.

아유, 정말 맛있습니다.

청교도들은 자신들이 하느님에 의해 선택된 사람들이며 하느님이 인도한 아메리카의 주인으로

기껏 먹고 살게 도와줬더니

뭐? 주인?

아메리카에 새 예루살렘을 건설해야 한다는 사명감을 갖고 있었다.

이러한 청교도들이 세운 뉴잉글랜드는 교회가 주민의 생활을 통제하는 제정일치 사회였다.

야동 봤다고?

곤장 100대!

너대니엘 호손의 소설 《주홍글자》는 그러한 뉴잉글랜드 사회를 잘 그려낸 작품이다.

19세기 미국 문학의 백미!

The Scarlet Letter

뉴잉글랜드의 종교적 엄격성은 때때로 광기로 치닫기도 했는데

이단은 추방!

마녀는 화형!

크와!

1692년 매사추세츠 세일럼에서 일어난 마녀 재판이 대표적 예다.

세일럼 마녀재판을 다룬 영화 〈크루서블〉

사건의 전말은 이렇다. 어느 날 세일럼 마을의 몇몇 여자아이들이 이상한 행동을 보였다.

좌우지
장지지지~

후루룹
찹찹

의사는 소녀들에게 마귀가 들린 거라고 진단했고

사탄아 여긴
왜 왔니!

아 세이 허어!
유 세이 호오!

원인을 캐내는 과정에서

요새 지옥도
취업이
어려워서요.

알바로
잠깐 왔어요.

사탄이
인간미
있네

소녀들은 마을 사람들을 마녀로 지목하기 시작했다.

옆집 순이가
오라고 했지~

영희도
날 불렀고~

지목받은 사람이 또 다른 사람을 지목하면서 150명 이상의 주민들이 기소됐다.

얘가 마녀!

아니 얘가…

얘가 마녀!

19명이 처형당하고 나서야 막을 내린 이 사건은

엄격한 청교도정신이 광기와 독선으로 변질된 한 예였다.

그냥 약 잘못
먹고 헛소리한
건데….

청교도사회는 이렇게 억압적인 면이 있기도 했지만

존재 자체가 풍기문란해!

KNN LIVE

Breaking News
가수 싸이 긴급 체포

청교도정신에 깊이 내재한 절제와 근면의 노동 윤리는 훗날 미국 산업화의 정신적 토대가 되었다.

이 일이 나의 소명!

또한 자신들이 하느님에게 선택된 새 이스라엘의 주역이라는 믿음은

우리는 하느님과 계약을 맺은 사람들!

다양한 형태로 변모하며 이어져 오늘날까지도 미국정신의 핵심을 이루고 있다.

우리는 세계의 경찰!

이 점은 뒤에서 짚어볼게요.

이렇듯 뉴잉글랜드의 청교도들은 미국 기독교 문화의 토대를 세운 사람들이다.

후손들이 어떻게 사나 한번 볼까?

그들이 지금 미국에서 벌어지는 일을 본다면 충격이겠지만. 예를 들면…

허거덩!

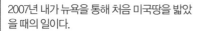
2007년 내가 뉴욕을 통해 처음 미국땅을 밟았을 때의 일이다.

뉴욕이라니!
내가 뉴욕이라니!
올라올라~
올라올라~

어디 미국 TV에선 뭐가 나오나 볼까?

지금 어려움을 겪고 계십니까? 저희 손수건을 주문하세요!

광고네

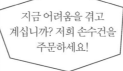

이건 보통 손수건이 아니거든요….

저희 ○○○목사님의 기도 파워가 실려 있는 손수건입니다.

뭐래니!

실제 사용자의 체험담입니다.

취업에 성공했어요!

손수건을 샀더니 관절염이 나았어요!

그동안 무슨 일이 있었던 거죠?

다음 장부터 알아볼게요.

그 많던 원주민은 어디로 갔을까

같은 학교 학생 에이미는

주변에서 내가 아는 유일한
아메리카 원주민이었다.

당연한 얘기지만 그녀의 말
과 행동은 여느 미국 사람들
과 다를 바 없었다.

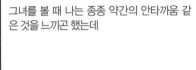

그녀를 볼 때 나는 종종 약간의 안타까움 같
은 것을 느끼곤 했는데

자기 민족이 핍박당한 땅에서 결국 미국인으
로 살아갈 수밖에 없는 원주민들의 운명을 보
았기 때문이다.

역사의
아이러니인가…

아메리카 식민지의 번성은 에이미의 선조들
에게는 재앙이었다.

말로
다 못해요.
아흐흑.

고통받은 사람들은 원주민뿐만이 아니었다.
식민지 시대에 소외되었던 사람들의 이야기
를 하지 않을 수 없다.

우리
한잔 하죠.

이주민들은 원주민의 터전에 자리를 잡았기
때문에

식민지 개척 초기부터 이민자와 원주민 사이
에는 충돌이 빈번했다.

원주민으로부터 많은 도움을 받았던 뉴잉글
랜드 주민들도

시간이 지나면서 원주민들을 이교도, 야만인
으로 보고 멸시했다.

원주민들은 조직적으로 저항을 시도하기도
했으나

백인들의 발달된 무기 앞에서 번번히 패배하
고 말았다.

식민지 의회는 '인디언 사냥'을 장려하고자

원주민 머리 가죽에 상금을 지급하기도 했다.

자~ 떠나자~
인디언 잡으러~ ♩

취미로 하다가
요샌 전업으로 해요.
쏠쏠하거든요.

원주민들에게 또 다른 위협은 천연두였다.

Hi!

유럽인과 달리 면역력이 없었던 원주민은 천연두에 속수무책으로 목숨을 잃었다.

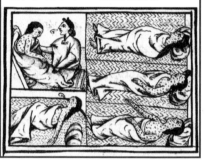

이에 당시 청교도 목사가 한 말의 수준은 고작 이 정도였다.

하느님이
인디언들에게
천연두를
내리셨습니다.

인크리즈 매더
(Increase Mather)

유럽인과의 접촉 이전, 북미에는 1,600만 명의 원주민들이 있었던 것으로 추정하는데, 미국 건국 직후에는 60만 명 정도만 생존했다.

마을 하나가
없어졌네!

저게 다 머리가죽!

식민지의 번성으로 고통받은 사람들은 원주민뿐만이 아니었다.

아프리카에서 노예사냥꾼에 의해 잡힌 수많은 흑인들은

물건처럼 배에 빼곡히 채워져 아메리카로 보내졌다.

열악한 환경을 견디지 못하고 죽은 사람은 그냥 바다에 던져졌다.

노예 시장에 당도한 후에는 가족들과 헤어져 아메리카 전역으로 팔려 나갔다.

이처럼 식민지 발전의 이면에는 핍박받고 고통받은 수많은 사람들이 있었다.

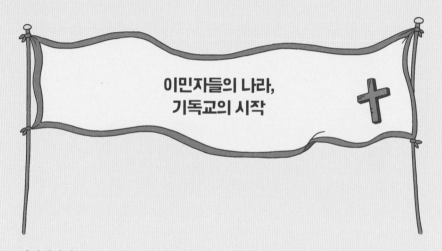

이민자들의 나라, 기독교의 시작

버지니아와 뉴잉글랜드 식민지가 안정되고 더 많은 식민지가 개발되면서, 기존의 주민들과 종교적 배경이 다른 아메리카 이주민들의 수도 점차 늘어났다. 여전히 영국계 이민자가 주류를 이루었지만, 이들 중에는 기존의 주류였던 성공회나 회중교회 교인들이 아닌 장로교, 침례교, 퀘이커 신자인 사람들도 많았다. 비영국계 교단으로는 네덜란드 개혁교회, 독일 개혁교회, 루터교 등이 아메리카 식민지 종교계에 자리를 잡고 있었다.

초기부터 식민지의 종교계를 주도하던 교단은 영국 성공회와 회중교회였다. 영국 왕을 수장으로 하는 성공회는 영국의 국교로서 버지니아, 노스캐롤라이나, 메릴랜드, 사우스캐롤라이나, 조지아 등 남부 식민지에서 독점적 지위를 누렸다. 한편 북부 뉴잉글랜드 식민지를 건설한 청교도들은 회중교회를 조직했으며, 회중

교회는 매사추세츠, 코네티컷, 뉴햄프셔의 공식교회가 되었다. 성공회와 회중교회는 각자의 지역에서 공식교회로서 주민들로부터 종교세를 받았으며, 특히 뉴잉글랜드의 회중교회는 식민지 정부와 공조하여 강력한 정치적 영향력을 행사했다.

이주민의 증가는 이러한 종교적 지형에 새로운 변화를 가져왔다. 영국의 아메리카 식민지로 꾸준히 이동한 이주민들 대부분이 영국인임에는 변함이 없었으나 이들의 종교적 배경은 장로교, 침례교, 퀘이커 등 다양했다. 장로교는 16세기 스코틀랜드에서 존 녹스 John Knox (1514~1572)를 중심으로 한 칼뱅주의자들에 의해 시작된 교단으로, 스코틀랜드 이민자들과 함께 아메리카에 들어왔다. 침례교는 영국의 종교박해를 피해 네덜란드로 이주한 분리주의자들 사이에서 발

생한 교단이다. 이들은 뉴잉글랜드 회중교회와 유사한 전통을 공유했으나 정치와 종교가 손을 잡는 것에 반대하고 유아세례를 인정하지 않는다는 점에서 회중교회와 차이가 있었다. 퀘이커는 1650년 조지 폭스George Fox(1624~1691)에 의해 발생한 급진적 개신교 교파다. 이들은 성직자 계층을 두지 않고 신자들 간의 모임 형식의 예배를 실천했으며, 남녀평등, 비폭력 평화주의 등 당시로서는 파격적인 주장을 채택했다. 그밖에도 네덜란드 이주민들의 네덜란드 개혁교회가 뉴욕을 중심으로 자리를 잡고 있었고 독일계 이주민들의 독일 개혁교회, 루터교 등도 영국의 아메리카 식민지에 뿌리를 내렸다.

성공회와 회중교회가 공식 교회로서 자리 잡은 터라 장로교, 침례교, 퀘이커 등은 기존의 주류 교회로부터 핍박을 받기도 했다. 장로교인들의 경우 회중교회와 같은 신학적 전통을 공유했다는 점에서 큰 제약 없이 식민지 전역에서 활동할 수 있었으나, 정치와 연결된 회중교회를 비난한 침례교인들이나 남녀평등, 성직계 층의 배제 같은 급진적 사상을 가진 퀘이커 신자들은 식민지에서 추방을 당하거나 붙잡혀 고문을 당하기도 했다.

따라서 이들이 주로 활동한 지역은 성공회가 공식교회로 있는 남부 식민지나 회중교회가 강력한 영향력을 행사하고 있는 뉴잉글랜드 식민지가 아니라 상대적으로 종교의 자유가 보장된 뉴저지, 델라웨어, 펜실베이니아 등 중부 식민지였다. 중부 식민지는 남부나 뉴잉글랜드에 비해 다양한 민족들이 거주하고 있어서 여러 기독교 종파들이 활동하고 있었고, 성공회나 회중교의 영향력이 약했던 지역이었다. 특히 퀘이커 신자인 윌리엄 펜 William Penn(1644~1718)에 의해 건설된 펜실베이니아 식민지는 대외적으로 종교의 자유를 표방하여 장로교, 침례교, 퀘이커 뿐만 아니라 아일랜드 가톨릭, 독일계 소수종파인 메모나이트와 아미시 등 거의 모든 기독교 종파들의 보금 자리 역할을 했다.

PART 02

USA의 탄생

아메리카는 더 이상 식민지가 아니다

미국의 독립 : 억압적 군주제를 거부하다

Native Americans 미국에서 원주민으로 살아간다는 것

아메리카는 더 이상 식민지가 아니다

두 번째 학기가 끝났다.

성적 확인!

미국에서의 첫 번째 여름방학이었다.

누가 공부가 제일 쉽다고 했냐?

학교마다 차이가 있지만 미국 대학의 여름방학은 대개 5월 중순에서 8월 말이다.

거의 휴학 수준!

많은 미국 학생들이 고향으로 돌아가고 한국 학생들도 한국에 가서

순식간에 주위가 텅 비었다.

좋아! 혼자 미국 전역을 돌아다니는 거야!

물론 그럴 돈은 없었다.

그렇게 7월이 되었다.

손형!

독립기념일인데. 뭐해?

(……)

지금 8월?

그…그건 한국 광복절이고, 미국말야…

7월 4일 미국 독립기념일에 손형과

독립기념일 행사가 열리는 더럼스타디움에 갔다.

행사 시작을 기다리는 동안 미국이 어떻게 독립했는지 알아볼까요?

아메리카 식민지가 번성하는 동안

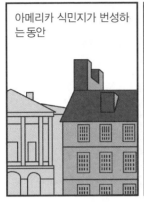

유럽은 전쟁으로 혼란스러웠다.

1701년 스페인
왕위계승전쟁

1744년
오스트리아
왕위계승전쟁

영국과 프랑스가 이들 전쟁 속에서 맞부딪치면서

두 나라의 아메리카 식민지도 충돌을 피할 수가 없게 되었다.

결국 원주민과 동맹을 맺은 프랑스 식민지와 영국 식민지 간 전쟁이 발발했다.

프렌치-인디언 전쟁
(1754~1763)

이 전쟁에는 훗날 미국의 초대 대통령이 되는 조지 워싱턴이 참전했는데

돌격!

성적은 그리 좋지 못했다고 한다.

피융

같이가

피융

우여곡절 끝에 영국은 전쟁에서 승리했지만

영국 승!

와 와

유럽과 아메리카에서의 전쟁으로 큰 빚을 지게 되었다.

구급차 좀….

재정 문제를 해결하기 위해 영국의회는 아메리카 식민지를 대상으로 일련의 세금법을 제정했다.

▶ 1764
설탕법 The Sugar Act : 설탕과 당밀 수입에 세금 부과
▶ 1765
반란법 The Quatering Act : 영국 주둔군의 숙식을 식민지가 책임지도록 규정
▶ 1767
타운샌드법 The Townshend Act : 종이, 유리, 차(tea) 등의 수입에 세금 부과
▶ 1764
화폐법 The Currency Act : 식민지 의회 화폐 발행 금지
▶ 1765
인지세법 The Stamp Act : 공문서, 신문 등 문서에 세금 부과

돈 내놔, 돈….

땅!땅!땅!

식민지 주민들은 불만에 가득찼고

벌어도 세금으로 다 나간다!

벌어도 카드값으로 다 나간다!

회사원 K씨

학부 시절 미국사 시험을 준비하던 나도 화가 났다.

아오, 외울 게 왜 이렇게 많아….

식민지 주민들의 반발이 거셌다.
관리들이 몰매를 맞거나

공무원 때려치고
사기업 갈까….

퍽

퍽

영국 귀족들의 집이 약탈당하는 일이 비일비
재했다.

Full HD TV!

거센 저항에 못이긴 영국의회는 인지세 폐지
에 이어 타운샌드법도 폐지했다.

알았어,
알았어.
폐지!

땅!땅!땅!

식민지 주민들은 이에 환호…

…하기 전에 예기치 않은 일이 발생했다.

법 폐지 소식을 전해 듣지 못한 보스턴 주민
들과 정부군 간에 충돌이 벌어져

영국으로
돌아가!

5명의 식민지 주민이 사망한 것이다. 이른바 '보스턴 학살' 사건이었다.

야, 총은 너무한다!

사건이 더 확대되지는 않았지만 본토에 대한 식민지 주민들의 불신은 깊어졌다.

5명 사망이 '학살'인가에 대해서는 논란의 여지가 있지요.

이후 한동안 잠잠한가 싶었는데 재정난에 빠진 영국의 동인도회사가

아메리카에 차를 덤핑으로 판매하는 일이 일어났다.

TEA

made in America $40

TEA

made in England $40 $10

그러자 분노한 식민지 주민들이 원주민 분장을 하고 보스턴 항에 몰려가 영국 차 상자를 바다에 던져버렸다.

이를 '보스턴 차 사건'이라고 한다.

엄마, 물맛이 이상해.

하여간 이사를 가든지 해야지 원.

영국의회는 더 이상 참을 수가 없었다.

참을 만큼 참았어!

보스턴 항 폐쇄, 식민지 의회의 권리 제한 등의 조치가 취해졌다.

이에 식민지 대표들이 필라델피아에 모여

군사적 준비에 대해 논의하자

집에 라면 많이 챙겨놨죠?

이를 반역으로 간주한 영국 정부는 군대를 출동시켰다.

1775년 4월 19일 렉싱턴에서 양측 군대가 대치했다.

긴장이 감도는 대치 상황이 지속되다가

어느 쪽인지는 모르지만, 미국 독립전쟁의 첫 총성이 울리며 전투가 시작됐다.

렉싱턴을 지나 콩코드로 이어진 전투는

식민지 측의 승리로 끝났다.

이후 식민지 대표 회의에서 온건파는 영국의 회 개혁을 주장했고

과격파는 영국으로부터의 완전한 독립을 주장했다.

미국의 독립 : 억압적 군주제를 거부하다

사실 많은 식민지 주민들에게 독립은 아직 거북한 말이었다.

에이, 그래도 할아버지 때부터 영국사람인데 어떻게…

훗날 미국의 2대 대통령이 되는 존 애덤스는 보스턴 학살 당시 식민지 주민들을 비난했고

막돼먹은 폭도들!

John Adams
(1735-1826)

3대 대통령이 되는 토머스 제퍼슨은 식민지 주민들이 독립을 원하지 않는다고 발언하기도 했다.

우린 영국인이여!

Thomas Jefferson
(1743-1826)

이때 등장한 사람이 토머스 페인이다.

하~ 이거 분위기 왜 이래?

영국의회에 변화를 촉구하는 것만으로는 문제가 해결될 수 없어요.

억압적 군주제에 기반한 영국의 시스템 자체가 문제였기 때문이다.

뭐 인마?

이 시스템에 있는 한 문제는 다람쥐 쳇바퀴 돌 듯 계속될 것입니다.

귀여워!

이젠 자유롭고 민주적인 우리의 독립국을 세울 때입니다.

Thomas Paine
(1737-1809)

이런 내용을 골자로 한 페인의 소책자 《상식》은 10만 부가 팔렸다.

Common Sense

내 책도 잘 됐음 좋겠다

영국과의 충돌이 계속되면서 여론은 점차 독립 쪽으로 이동했다.

아냐 진짜 독립해야지, 안 되겠네.

마침내 1776년 7월 4일 대륙회의가 '독립선언서'를 채택, 선포했다.

초안은 제가 잡았어요.

당시 33세의 토머스 제퍼슨

독립선언서는 미국의 탄생을 알리는 문서이니만큼, 한번 짚어보고 갈까요?

진행 잘하네

독립선언문에 따르면 인간은 모두 평등하게 태어났고 생명, 자유, 행복 추구권의 권리를 가지는데

이를 위협하는 정부를 국민은 무너뜨릴 권리가 있다.

하지만 이러한 내용과 상충하는 미국의 노예제가 논란이 되었다.

개풀 뜯어먹는 소리하고 있네!

?

영국의 시인이자 평론가 새뮤얼 존슨은 이렇게 비꼬았다.

어떻게 노예를 부리는 사람들한테서 자유를 외치는 소리를 들을 수 있나!

미국인들은 자유를 위해 싸우면서도

All men are created equal!

다녀오세요.

이에 노예들이 동요하지 않을까 걱정을 해야 했다.

방금 내가 한 말 들었냐?

흭

?

또한 좀 더 실질적인 문제가 있었다. 전쟁을 감당할 자본이 충분하지 않았고

네 발 다섯 발…

좀 아껴 쏴!

탕 탕

톡톡

잘 훈련된 병사들도 많지 않았다.

엄마? 나 훈련 중.

게다가 독립에 반대하는 사람들도 전체의 1/5 에서 1/30이나 되었다.

독립을 왜 하니?!

반대자들은 대부분 미국을 떠났다.

미국을 떠나라!

캐나다로 가자…

상황이 이랬던지라 시작부터 미국은 영국의 상대가 되지 않았다.

미국 군대는 패전을 반복했다.

맞아야 정신 차릴래!

빡

미국이 패전의 늪에서 벗어난 것은

프랑스의 도움이 있었기 때문이다.

프랑스는 앙숙관계인 영국에게 타격을 입히기 위해 미국을 전폭 지원했다.

점차 승기를 잡은 미국은

슈퍼마리오냐!

1781년 10월 9일 요크타운에서의 전투를 마지막으로 독립전쟁에서 승리했다.

이렇게 미국이 역사에 등장했다.

Hello!

…다시 돌아와서 더럼스타디움 독립기념일 행사에 나타난 사람은

혁!

영화배우 케빈 코스트너였다.

와 와 와

케빈 코스트너가 누군가! 90년대를 주름잡은 스타!

영화 〈보디가드〉 중에서

내가 십대였던 90년대는 서울에서도 외국인 보기가 그리 쉽지 않았다.

미국인!
머리가
노랗다!

그러니 할리우드 스타는 어땠겠는가. 케빈 코스트너는 외계의 존재와 같았다.

그 시절 좋아했던 배우가 눈 앞에 있다니 믿기지 않았다.

록밴드의 보컬이기도 한 그는 컨트리풍의 노래를 몇 곡 불렀고

노래가 끝나자 환호 속에서 떠났다.

밴드 공연 다음 행사는 불꽃놀이였는데

꽈르릉

갑작스런 폭우로 취소됐다.

그래도 괜찮았다.
케빈 코스트너를 볼 수 있었으니까.

미국 독립 만세!

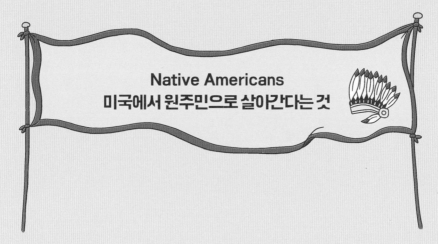

Native Americans
미국에서 원주민으로 살아간다는 것

해마다 추수감사절Thanksgiving Day이 되면 샌프란시스코의 앨커트래즈Alcatraz섬에는 수천 명의 미국 원주민들이 모인다. 이들이 모이는 이유는 추수감사절을 축하하기 위해서가 아니라 미국 원주민들의 고난의 역사를 기리기 위해서이다. 이들은 이날을 'Thanksgiving Day'가 아닌 'Un-Thanksgiving Day'라고 부르며, 백인들이 원주민에게 저지른 만행을 돌아보고 참회할 것을 촉구한다.

유럽인들의 아메리카 식민지 개척이 본격적으로 진행되면서 원주민들은 생활터전에서 쫓겨나 생존의 위협 속에서 삶을 부지해나갔다. '필립왕 전쟁'과 같은 원주민들의 조직적 저항에 백인들의 영토 확장이 타격을 입기도 했으나 그러한 투쟁에도 불구하고 원주민의 저항은 결국 실패로 돌아갔다.

미국 건국 이후 1830년에는 앤드류 잭슨 대통령에 의해 '인디언 강제이주법Indian Removal Act'이 통과되었다. 이 법에 의해 미국 남동부 지역에 거주하는 원주민들이 모두 미시시피강 서부(현재의 오클라호마 지역)로 강제이주하게 되었다. 플로리다 지역의 세미놀족은 이에 무력으로 저항하며 1835년부터 8년간 전쟁을 지속했으나 결국 진압되었다.

미국 정부의 이주 명령에 순순히 따른 원주민 부족들은 고향을 떠나는 아픔과 더불어 길고 험난한 여정으로 인해 고통받기도 했다. 1838년 겨울, 이주의 길을 떠난 체로키족은 전체 17,000명 중 4,000명이 이동 도중 피로를 견디지 못하고 사망했다. 이 행렬은 '눈물의 행렬Trail of Tears'이라고 불린다.

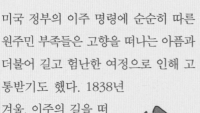

산발적으로 계속된 원주민의 무장 저항은 1890년 '운디드니 학살Wounded Knee Massacre'을 끝으로 종식되었다. 1888년부터는 서부 지역 원주민들을 중심으로 '유령 춤ghost dance'이라고 불리는 집단적 춤 형태의 종교의식이 빠르게 확산되었는데, 유령 춤이 폭동으로 이어질 것을 우려한 연방군은 주동자들의 체포에 나섰다. 연방군을 피해 다니던 수우족은 결국 미 제7기병대에 의해 사우스다코타의 운디드니 지역에서 무장해제 명령을 받았다. 이 과정에서 한 원주민이 총을 뺏기지 않으려 기병대원과 실랑이를 벌이다가 총이 발사되자, 기병대가 일제히 원주민들을 향해 발포를 시작했고 350명의 원주민 중 부녀자와 어린이를 포함한 150명이 사살됐다. '운디드니 학살'로 불리는 이 사건은 백인과 원주민 간의 마지막 무장 충돌로 기록되고 있다.

이후 오랫동안 잊혀졌던 고난의 역사는 1969년 11월, 원주민들의 앨커트래즈 점령 사건을 계기로 다시 조명을 받게 됐다. 1960년대 민권운동과 반전운동의 영향으로 촉발

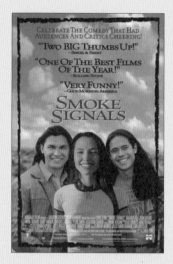

아이다호 주 인디언 보호구역에 사는 두 청년의 가족사를 다룬 영화 〈봉화Smoke Signals〉. 샌디에고국제영화제, 선댄스영화제 등 여러 영화제에서 수상했다.

사회에 적응하지 못하는 사춘기 원주민 소년이 시간 여행을 통해 현실과 화해하는 과정을 그린 소설 〈Flight〉. '인디언판 허클베리 핀의 모험'이라는 문단의 호평을 받았다.

된 이 사건은 '아메리칸 인디언 운동AIM, American Indian Movement' 소속 원주민 78명이 앨커트래즈 섬을 점령하면서 시작됐다. 이들은 지난 역사 속 미국 정부의 만행을 비난하고, 앨커트래즈에 미국 원주민 연구소 및 박물관 건립할 것을 주장했다. 19개월간 지속된 이 점령은 연방군이 섬에 침투해 원주민들을 강제 해산시키면서 종료됐다.

오늘날 미국 전역에는 약 310개의 인디언 보호구역이 있으며 이곳에서 원주민 부족들은 제한적인 자치 권리를 인정받는다. 원주민 인구 수는 미국인 전체의 1.7%에 해당하는 520만 명(2010년 기준)으로 추산되고 있으며, 이 가운데 78%가 보호구역 밖에서 거주한다. 이들은 주로 미네아폴리스, 덴버, 피닉스, 투산, 시카고, 오클라호마시티, 휴스턴, 뉴욕시티 등 도시 지역에서 거주하고 있다. 원주민들의 실업률은 50~90%에 달하며 마약, 알콜 중독이 원주민 사회의 고질적 문제로 지목되고 있다. 이는 원주민들이 오늘날에도 여전히 보이지 않는 차별 속에서 살아가고 있음을 보여주고 있다.

PART 03

초기 미국의 얼굴은 어땠을까

미국의 문학 : 또 다른 독립의 여정

미국은 종종 조롱 섞인 농담의 대상이 되곤 한다.

타문화에 대한 낮은 이해

기름진 음식

비만

그런 농담들을 관통하는 생각은 '미국적인 것은 가볍고 얕다'는 것이다.

이런 생각은 미국의 역사가 200년밖에 되지 않는다는 사실에 근거한다.

XX중학교

그래서 미국인들은 역사 콤플렉스가 있다고 하는데

특히 유럽에 대한!

중학생 수준의 나라가 역사에 대해 뭘 알겠어?

미국이 세계 최강대국임이 자명한 오늘날

도련님, 오늘 하교는 어떻게….

내 전용기 준비해줘.

역사 따위!

많은 미국인들은 크게 개의치 않는 것 같다.

저들처럼요.

ㅋㅋㅋ

ㅎㅎㅎ

하지만 200년 전에는 사정이 달랐다.

건국 당시 미국
13개 주 영토

이제 막 역사에 등장한 미국은 내세울 것이
없었다.

유럽의 조롱은 훨씬 더 신랄했고

전 세계에서 누가
미국 책을 읽는가?
누가 미국 연극을,
미국 그림, 조각을
보겠나?

영국의 만담가
시드니 스미스(Sydney Smith)

미국인들은 뼈아픈 콤플렉스를 느꼈다.

이에 미국만의 고유한 것을 창조하려는 노력
이 시작되는데

그중 하나는 문학이었다.

저의
학부 전공!

미
국
문
학

초대 대통령 조지 워싱턴은 초기 미국문학에서 중요한 역할을 했다.

작가로서가 아니라

그를 신격화한 여러 전기의 주인공으로서.

워싱턴의 전기 속 일화들 중 상당 수는 작가의 상상력에서 나온 것이었는데

알에서 나왔다고 할까…

여어!

워싱턴이 아버지의 벚나무를 자른 것을 정직하게 말했다는 일화가 대표적인 예다.

하인들 놔두고 내가 뭐하러 나무를 자르겠수?

유럽 문학만이 대접받던 시절, 많은 미국 작가들은 꿋꿋이 미국을 배경으로 한 시와 소설을 썼다.

알고 보니 둘은 이복남매 사이….

그중 워싱턴 어빙은 미국 작가로는 최초로 국제적 명성을 얻기도 했다.

대표작으로 《립 밴 윙클》이 있죠.

짧아서 좋음!

Rip Van Winkle

19세기 초반 유럽에서 유행한 낭만주의의 영향으로

미국에서는 초월주의라고 불리는 지적운동이 일어났다.

'초절주의'라고도 해요.

초월주의는 인간을 포함한 우주의 단일성, 인간의 선천적 선함에 대한 믿음 등이 결합된 사상운동으로

대표적 리더는 시인이자 철학자, 랠프 월도 에머슨이었다.

Ralph Waldo Emerson
(1803~1882)

초월주의는 물질문명과 인습의 거부와도 연결되는데

인습

초월주의

물질

그럼 나 줘!

이러한 흐름을 대변하는 인물이 헨리 데이비드 소로다.

Henry David Thoreau
(1817~1862)

하버드대학을 졸업한 뒤 토지 측량, 연필 제조 등의 일을 하던 소로는

변호사, 의사 이런 쪽은 적성에 영 안 맞아서….

학교 선배인 에머슨과 교류하면서 초월주의에 공감하게 되었다.

PC방 갈까요?

콜!

1845년 그는 홀로 월든 호숫가의 숲에 들어가

청산에 살어리랐다~

오두막집에서 자급자족하는 삶 속에서 인간 본연의 모습을 찾고자 했다.

인터넷도 스마트폰도 없다!

2년 뒤 숲을 나와 그곳에서의 경험과 사색을 담은 책을 집필했는데

그래도 워드는 쓰네

그것이 오늘날 전 세계인들에게 사랑받는 고전 《월든》이다.

영문판은 무료 전자책으로 많이 나와 있네!

초월주의적 세계관을 노래한 대표적 시인은
월트 휘트먼이다.

Walt Whitman
(1819–1892)

그는 자연과 인간을 찬양한 시집 《풀잎》을 출
판했다.

《풀잎》작가 월트 휘트먼 사인회

당대엔 인정을
못 받았죠.

휭~

에머슨은 이 시집을 읽고 극찬의 편지를 휘트
먼에게 보내기도 했다.

휘트먼 선생,
사인 부탁합니다.

미국을 대표하는 또 한 명의 시인 에밀리 디
킨슨도 동시대 사람이다.

Emily Dickinson
(1830–1886)

사랑, 자연, 죽음 등을 다룬 그녀의 시 중에는
초월주의의 영향을 짐작게 하는 것들도 있다.

에머슨과
소로의
팬이기도
했어요.

그녀는 늘 흰옷을 입고 집 밖으로 나가지 않
았던 것으로도 유명하다.

택배
왔습니다~

문 앞에 두고
가주세요.

인간과 자연을 찬양한 초월주의자와 달리 비극적 인간상을 그린 작가들도 있었다.

♪ 징글벨
징글벨~

《주홍글자》로 잘 알려진 너대니엘 호손이 대표적이다.

Nathaniel Hawthorne
(1804~1864)

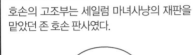

호손의 고조부는 세일럼 마녀사냥의 재판을 맡았던 존 호손 판사였다.

너 마녀!
사형!

저놈의
영감탱이!

그러한 가족사를 의식해서인지 그의 소설은 주로 청교도의 뉴잉글랜드를 배경으로 하며

오랜만!

삶을 찬양하기보다는

이번엔 좀 밝은
내용으로 가볼까?

인생에는 즐거운
일도 많…

인간 속의 악, 원죄, 죄의식을 다뤘다.

여보,
쌀 떨어졌어요.

…기는 개뿔!

인생은
어두워!

팍팍

Walden

좌절하고 고뇌하는 비극적 인간상을 그린 또 다른 작가는 허먼 멜빌이다.

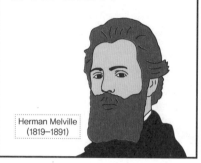

Herman Melville
(1819–1891)

그는 자신의 소설 《모비 딕》 서문에 호손에 대한 헌정사를 담았을 정도로 호손의 팬이었다.

호…호손느님!

《모비 딕》은 오늘날 미국문학의 최고봉으로 평가받고 있지만

Moby Dick

멜빌의 생전에는 전혀 주목을 받지 못했다.

냄비받침으로 좋은데?

호손 당신마저!

후룩

Moby Dick

생활고에 시달렸던 멜빌은 나중에는 창작을 중단하고 세관원으로 일했다.

먹고는 살아야지.

1891년 그가 숨을 거두었을 때 그를 작가로 기억하는 이는 많지 않았다.

갑시다, 세관원 양반.

작가라고 좀 해주슈.

마지막으로 에드거 앨런 포가 있다.

Edgar Allan Poe
(1809-1849)

인간 영혼의 어둠을 그리는 데 있어서, 포는 앞의 두 사람 뺨칠 정도다.

짜 짝

《어셔가의 몰락》, 《검은 고양이》 등 그의 작품은 기괴하고 음울한 이미지로 가득하다.

《모르그가의 살인 사건》은 최초의 추리소설로 여겨지기도 한다.

범인미워

포는 소설가이자 비평가로 생전에 어느 정도 인정을 받은 작가였다.

문학상도 받았지롱!

잠시 잡지 편집자로 일하기도 했지만 미국 최초의 전업작가이기도 하다.

부럽다! 출근 안 해도 돼?!

야, 이게 얼마나 힘든데….

그 마음 알지…

Walden

하지만 그의 삶은 불행으로 점철되었다. 어린 시절 아버지는 가족을 버렸고 어머니는 결핵으로 세상을 떠났다.

인정받는 작가였지만 작가 수입에만 의존한 그의 삶은 늘 궁핍했고

김치가 아쉽다…

1847년 아내 역시 결핵으로 떠나보냈다.

그의 시 '애너벨 리'는 아내의 죽음을 애도하는 작품으로 여겨진다.

달이 비칠 때면 아름다운 애너벨 리의 꿈을 꿉니다.

1849년 그는 길에서 정신착란 상태로 발견되었는데 병원으로 옮겨진 뒤 원인불명으로 숨졌다.

Lord, help my poor soul.

불행한 그의 삶에 가슴이 아프다면 영화 〈더 레이븐〉 속에서 멋진 명탐정으로 재탄생한 포의 모습을 보는 것도 위안이 될 것이다.

내 역할이 존 쿠삭?

완전 팬인데!

대각성운동 : 종교적 열정이 폭발하다

수업 중 교수님의 돌발 질문!

자네, 마녀사냥이 일어난 세일럼이 어딘지 아나?

마녀사냥이 있을 정도로 종교의 영향력이 큰 곳이면…

남부 어디쯤 아닌가요? 조지아?

땡!

큭!

정답: 매사추세츠

틀리긴 했지만 그 학생의 대답엔 근거가 있었다. 미국 남부는 기독교의 영향력이 특히 강한 곳이라는 이미지가 있다.

미시시피?

땡

앨라배마?

땡

강남?

나가

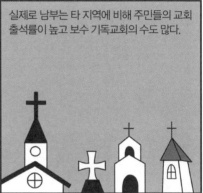

실제로 남부는 타 지역에 비해 주민들의 교회 출석률이 높고 보수 기독교회의 수도 많다.

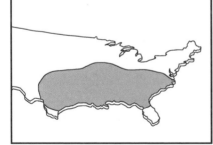

그래서 미국 남동부, 중남부 지역을 '바이블 벨트(Bible Belt)'라 부른다.

그런데 남부가 처음부터 이런 분위기였던 것은 아니다.

바이블 벨트? 그게 뭐요?

독립 이전 남부는 영국국교회가 뿌리깊게 자리 잡은 지역으로

영국 국왕을 수장으로 하는 교회입니다.

적절한 여흥문화를 포용하는 사회였다.

신부님, 좋은 술 있는데 한잔 하시죠!

남부가 변하기 시작한 것은 18세기 후반 즈음으로

예수 천당 알콜 지옥!

이는 대각성운동(The Great Awakening)이라는 신앙부흥운동의 결과였다.

아 멘!

대규모 집회, 신자 수의 폭발적 증가 등을 특징으로 하는 대각성운동은

산업화에 따른 불안감, 세대 갈등 등의 배출구 역할을 하며 수차례 일어났다.

할렐루야 아아아아!

아이구 속 시원하다!

대각성운동은 뛰어난 리더들이 활약했던 18세기 초 1차 운동과

존 웨슬리
John Wesley

조지 휫필드
George Whitfield

18세기 말 2차 운동을 중요하게 보는데

미국 독립으로 영국국교회가 미국을 떠난 시기죠.

특히 2차 운동은 영국국교회의 빈자리를 침례교와 감리교가 채운 시기였다.

브라보!

짝!

영국 국교회

침례교

감리교

상대적으로 융통성 있는 영국국교회가 지배하던 남부는

엄격한 침례교와 감리교가 들어서면서 급속하게 복음주의화되었다.

남부의 바이블 벨트 이미지는 이때부터 형성되기 시작했다.

아 옛날이여~ ♪

Walden

2008년 4월 미국에서 꽤 화제가 된 사건이 있었다.

온통 그 얘기네!

MAGAZINE

NEWS

xxxx

SUNDA

텍사스의 한 종교단체 집단 거주지를 경찰이 급습해 여성과 어린이 500여 명을 '구출'한 사건이다.

구출 좋아하네!

이 공동체는 외부와 단절된 채 살아가는 근본주의 몰몬교 공동체로

바깥 세상은 죄악으로 가득하다!

한 십대 소녀가 자신이 일부다처제 교리에 따라 결혼을 강요당하고 있다고 경찰에 알리면서 그 실체가 드러났다.

도와주세요….

주민들의 비협조적인 태도로 수사는 순조롭지 않았지만

우리는 아무 문제 없다!

몇몇 남성들이 미성년자를 포함한 여러 아내를 두었다는 증거가 나와 중형 판결을 받았다.

땅 땅 땅!

유죄!

여보 어떡해…

미국에는 이렇게 외부와 단절된 채 자신들의 전통을 지키며 살아가는 집단이 적지 않다.

외부인 사절!

앞에서 소개한 근본주의 몰몬교 공동체 같은 사람들이 있고

선데이 뉴욕

우리나라 TV에도 종종 등장하는 개신교 재세례파의 아미시 공동체도 있다.

'세계에 이런 일이!' 오늘은 미국의 아미시 공동체를 찾았습니다.

워낙 땅이 광대하다 보니 이런 식의 삶이 가능한 것 같다.

저~기 사람 손이 닿지 않는 곳에 가서 우리만의 세상을 건설합시다.

'어딘지 모를 고립된 곳에서 사는 이상한 사람들'의 모티프는

이런 곳에서 차가 고장났네.

아, 저기 불빛이 보인다!

미국 영화나 소설에 자주 등장하는 소재이기도 하다. (영화 〈위커맨〉 〈스켈리톤 키〉 등)

악마 숭배자들?

침입자다!

19세기 중반에는 여러 종교적 집단의 집단 거주 공동체들이 등장했다.

땅값 오르기 전에 얼른 건설하자.

뉴욕 북부에 자리잡았던 오나이다(ONEIDA) 공동체의 경우

비나이다 비나이다 우리 오나이다 잘 되라고 비나이다.

지도자
존 험프리 노이즈
John Humphrey Noyes

일대일의 결혼은 순전히 임의적이며 여성 억압적이라는 이유로

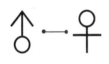

다대다의 '복합결혼'을 실천했고

아이들은 공동으로 양육되었다.

또한 사유재산 없이 모든 것을 공동 소유하는 등 파격적인 원칙에 의해 운영되었다.

We are the world~

오나이다 공동체는 1879년 와해되었는데 이들이 하던 은식기류 사업은 분리, 독립하여 지금까지 이어지고 있다.

미국 대형 마트에서 쉽게 볼 수 있어요.

ONEIDA

이 외에도 독신주의를 실천한 쉐이커(Shaker) 공동체가 있었고

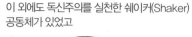

오나이다로 옮길까?

접근금지

브룩팜(Brook Farm)이라 불린 초월주의자들의 공동체도 있었다.

저도 여기 잠시 있었죠.

너대니얼 호손

대부분의 공동체는 얼마 가지 못하고 와해되었는데

가악

가악

XXXX COMMUNITY VILLAGE

어떤 공동체는 지금도 미국에서 영향력 있는 종교단체 중 하나가 되었다.

바로 몰몬교!

정식 명칭은 '예수 그리스도 후기 성도 교회 (The Church of Jesus Christ of Latter-day Saints)'

예수가 아메리카에 다녀갔다는 내용의 몰몬경을 경전으로 하는 몰몬교는

샬롬!

천사로부터 계시를 받았다는 조셉 스미스에 의해 창시되었다.

Joseph Smith (1805-1844)

조셉 스미스는 1831년 추종자들을 이끌고 오하이오 주 커틀랜드에 정착했다. 이 공동체는 일부다처제 사회였다.

1844년 그가 몰몬교에 반대하는 사람들에게 살해당하자

사기꾼!

신도들은 다음 지도자 브리검 영을 따라 유타 주 솔트레이크 시티에 정착했다.

미국에서 깨끗하고 안전한 도시로 유명하죠.

이후 지속적으로 성장한 몰몬교는 1890년 주류문화로 진입하고자 일부다처제를 폐지했는데

뉴패션!

몰몬교

I ♥ 一夫一妻

반대자들이 분리, 독립하기도 했다. 이들을 몰몬 근본주의자라고 부른다.

누구 맘대로!

조셉 스미스의 뜻을 거역하는 일이다!

앞서 소개한 텍사스의 몰몬교 신도들이 몰몬 근본주의자에 해당된다.

우리가 정통이라구!

그럼!

오늘날 몰몬교는 미국 내 신도 수 4위에 달하는 종교 교단이다.

1위 가톨릭
2위 침례교
3위 감리교
4위 몰몬교
5위 장로교

이만하면 괜찮죠?

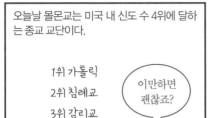

그럼에도 불구하고 여전히 주류라고 하기에는 어려운 상황인데

몰몬교? 일부다처제 하는 곳?

예수가 미국에 다녀갔다는 게 당최….

2012년 몰몬교 신자인 밋 롬니가 공화당 대선 후보로 등장하면서

Mitt Romney

몰몬교는 주류문화로의 진입을 눈앞에 둔 듯했다.

으라차!

몰몬교

비록 롬니는 오바마에게 패배했지만

뚝

몰몬교

몰몬교는 그 어느 때보다 주류문화에 바짝 다가선 모습이다.

과거와 달리 여성이 기도를 주관하는 등 꾸준히 변화가 일어나고 있어요.

Walden

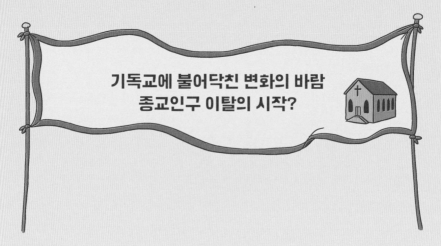

기독교에 불어닥친 변화의 바람
종교인구 이탈의 시작?

오늘날 기독교는 미국의 종교시장에서 여전히 독보적인 지위를 누리고 있다. 그러나 한편으로는 예전과 같은 사회적 영향력을 행사하고 있다고 보기 어렵다. 비기독교 이민자의 증가로 기독교인의 비율이 감소하기도 했지만 무엇보다도 종교가 없는 이들의 수가 뚜렷하게 증가하고 있고 신자들의 교단에 대한 헌신도도 낮아졌다.

2012년 퓨 리서치 센터The Pew Research Center의 조사에 따르면 미국인 중 기독교인의 비율은 73%에 달한다. 여전히 기독교가 타종교에 비해 절대 우위를 점하고 있음을 보여주고 있지만, 1990년 뉴욕시립대 조사 결과인 86%에 비하면 크게 줄어든 수치다. 반면 미국의 비기독교 종교인은 1990년 3.3%에서 2012년 6%로 증가했다. 이는 미국의 종교지형이 꾸준히 다원화되고 있음을 보여준다.

미국 내 힌두교 신자는 약 150만 명(2004년), 불교 신자는 120만 명(2012년)에 달한다. 무슬림의 인구 수에 대해서는 아직 정부 차원의 조사가 이뤄지지는 않았으나 21세기 초 미국 전역에 약 1,400개 이상의 모스크가 있는 것으로 조사되었으며, 이 가운데 80%는 지난 25년 사이에 지어진 것으로 밝혀졌다.

최근에 일어나고 있는 가장 특징적인 현상은 종교가 없는 사람이 꾸준히 증가하고 있다는 점이다. 퓨 리서치 센터에 따르면 종교가 없거나 무신론자 혹은 불가지론자라고 응답한 사람은 2007년 15%에서 2012년 20%로 증가했다. 종교가 없는 경우는 특히 30세 이하의 응답자에서 두드러졌다. 65세 이상의 응답자에서는 9%에 불과한 반면 18~29세 구간에선 32%에 이른 것이다.

소속 교단에 대한 헌신도가 낮아지고 있

다는 것도 주목할 만한 현상이다. 2003년 미국 성인 중 종교 예배에 거의 혹은 전혀 참석하지 않는다는 사람은 25%에 달했고 2012년에는 29%로 증가했다. 갤럽이 실시한 조사에서는 자신이 속한 교단을 매우 신뢰한다는 응답자가 1973년 66%에서 2011년 44%로 낮아졌다.

최근 다문화주의를 둘러싼 미국 사회의 이슈들은 기독교의 헤게모니가 예전과 같지 않음을 보여준다. 미국 내 다양한 종교 전통에 대한 인식이 확대되면서 '성탄을 축하합니다Merry Christmas'라는 인사가 '행복한 휴일되세요Happy Holidays'로 대체되었으며, 2004년에는 LA카운티를 상징하는 문장에 그려진 십자가 문양이 정교분리의 원칙에 어긋난다는 이유로 행정위원회 표결을 거쳐 삭제되었다. 2009년 터키를 방문한 오바마 대통령은 터키 의회연설에서 "미국은 자신을 기독교 국가도, 유대교 국가도, 이슬람 국가도 아니라고 여기고 있다"고 담대하게 선언했다.

몇몇 학자들은 미국이 종교의 사회적 영향력이 여전히 강하다는 점에서 다른 서구 선진 국가와 구별되어 왔으나 결국 고도의 산업화 사회가 필연적으로 겪을 수밖에 없는 종교의 쇠락을 겪기 시작했다고 지적한다. 또한 어느 집단에도 소속되

미국의 종교인구 현황 (2012년)
- 기독교 (73%)
- 타종교 (6%)
- 종교가 없음 (19%)
- 모름/무응답 (2%)
* 출처 : 퓨 리서치 센터

지 않으려는 개인주의의 심화, 정치 세력화된 제도 종교에 대한 혐오 등이 비종교인 증가 원인으로 지목되기도 한다. 기독교를 포함한 미국의 종교들이 앞으로 더욱 심화될 세속화 안에서 어떻게 변모할 것인지, 그에 따라 미국인의 삶이 어떻게 변화할 것인지는 앞으로도 많은 학자들의 중요한 연구 주제가 될 것이다.

합리주의의 흐름 : 나의 정신이 곧 나의 교회다

첫 학기에 한 종교단체의 현지조사를 수행하게 됐다.

인류학 수업 숙제였죠.

현지조사란 현장에 직접 참여하여 관찰하는 인류학적 조사 방법이다.

내가 택한 조사 대상은 집 근처에 있는 유니테리언 교회였다.

저기다!

유니테리언 교회는 예수의 신성을 부정하고 하느님의 신성만을 인정하는 교회로

아놔
스타일 구기네

×   ○

인간의 이성과 과학의 힘을 신뢰하고

어떤 종교도 진리를 독점하지 않는다는 시각을 특징으로 하는 종교 교단이다.

18세기 후반 유럽에서 들어온 이래 유니테리언 교회는 미국의 여러 지식인들에게 영향을 미쳤다.

전직 유니테리언 목사입니다.

랠프 월도 에머슨

유니테리언 교회는 기독교 테두리 안에서 시작됐지만

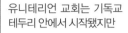

아멘~

타종교에 대한 개방성으로 다양한 종교적 배경을 가진 사람들이 모여들면서

나무아미타불.

난 무신론자!

기독교 교회로서의 정체성은 약해졌다.

하지만 우린 모두 유니테리언!

교회 내부는 얼핏 보면 일반 교회와 비슷하다.

그러나 설교는 '하느님' 대신 '인류애', '평화', '정의' 등에 대한 이야기로 채워지며

조건반사로 잠든 나

찬송가 역시 보편적인 가치들을 노래한다.

'Lean on Me' 같은 팝송도 있어요.

나의 과제는 신자들이 어떤 이유로 유니테리언 교회를 택했는지를 교회 활동을 직접 하면서 알아보는 것이었다.

청년부 모임

환영합니다!

이번에는 미국 역사 속의 합리주의적 흐름에 대해 짚고 넘어가보죠.

미국은 종교적 열정이 강한 나라지만

계몽주의적 합리주의의 흐름도 함께 해왔다.

미국 건국의 아버지 중 하나인 토머스 페인은 이렇게 말했다.

나는 하나의 신을 믿는다. 그러나

모든 제도 종교는 권력과 이익을 독점하기 위한 인간의 발명이다.

나의 정신이 곧 나의 교회다.

토머스 페인 《이성의 시대》 중에서

또 다른 건국의 아버지 벤저민 프랭클린 역시 이성 중시의 흐름을 대변하는 위인이다.

Benjamin Franklin
(1706–1790)

폭풍우가 치는 날 연을 날려 번개가 전기 현상임을 증명하기도 했던 그는

알았으니까 그만해!

뛰어난 과학자였을 뿐만 아니라 발명가, 외교관, 정치가, 음악가이기까지 했다.

만능!

여러 저작을 통해 계몽주의적 합리주의의 이상을 전파한 그는

우리에게 친숙한 명언들을 많이 남겼다.

정직은 최상의 방책이다.
시간은 금이다.

따라 읽어봅시다!

잘 안 알려진 말 중에는 이런 것도 있다.

정직은 최상의 방책이다.
시간은 금이다.

바람 피우기엔 유부녀가 좋다.

3대 대통령 토머스 제퍼슨도 이성주의를 대변하는 인물이다.

오빠, 우리 로맨틱 코미디 영화 보러 가자.

비현실적이야, 그런 건.

그는 프랭클린과 같이 다방면에 능통한 사람으로, 그가 직접 설계한 자택은 현재 버지니아대학의 건물로 쓰이고 있다.

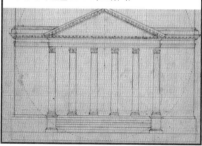

성서의 기적사화들을 전부 날조라고 보았던 그는

물 위를 걷는 예수 얘기 빼고.

물이 포도주로 변하는 것도 빼고.

복음서에서 예수의 도덕적 가르침만 뽑은 《제퍼슨 성서》를 편집하기도 했다.

이것이 예수의 진짜 가르침!

제퍼슨은 종교가 정치에 접근하는 것을 늘 경계했던 사람이었다.

정치야 노올자~

정치 지금 공부한다.

종교

정치

그가 지인에게 보낸 편지에는 그러한 생각이 잘 드러나 있다.

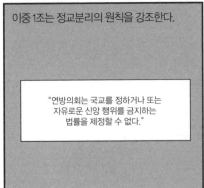

"교회와 정부를 분리하는 벽을 세워야 합니다."

1791년, 기존 헌법에 10개의 추가 조항이 제정되었다.

수정헌법 (Amendment) 이라고 합니다.

이중 1조는 정교분리의 원칙을 강조한다.

"연방의회는 국교를 정하거나 또는 자유로운 신앙 행위를 금지하는 법률을 제정할 수 없다."

종교적 열정이 남다른 미국에서 이같은 수정헌법이 제정될 수 있었던 것은 프랭클린, 제퍼슨과 같은 사람들의 노력 덕이었다.

Yeah~

짝!

나는 매주 유니테리언 교회에 나갔다.

그렇게 해서 친해진 사람들과 그들의 경험에 대해 이야기를 나눌 수 있었다.

모두 이전에 감리교, 침례교, 혹은 가톨릭 신자였던 사람들이었다.

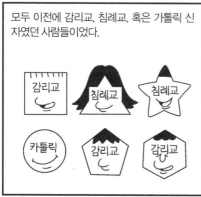

이들이 예전의 교단을 떠난 이유는 교단의 교리에 동의하지 않았거나

사회, 정치적 이유에 대한 견해가 교단의 입장과 달랐거나

기독교의 테두리를 벗어나 아예 다른 종교적 세계관을 받아들였기 때문이었다.

유니테리언 교회는 종교적 도그마를 강요하지 않고 신자 스스로 영적인 탐구를 할 수 있도록 해주고

등불이 있으니

길은 스스로 찾아가자.

비슷한 생각과 경험을 가진 사람들을 만날 수 있어서 이들에게 안성맞춤인 곳이었다.

흔쾌히 인터뷰에 응해준 친구들 덕분에 과제는 좋은 점수를 받았다.

와!

이렇게 이번 이야기를 마무리…

너 거기서 만난 여자한테 데이트 신청했다가 퇴짜맞은 얘기는 안 해?

ㅋㅋㅋ

영토전쟁의 시작 : 이 땅은 모두 신의 뜻?

전 세계에서 미국만큼 욕을 많이 먹는 나라도 드물 것이다.

오래 살고 좋지 뭘!

욕 먹는 이유도 다양하다.

미국 자본이 현지 산업 기반 파괴!

1인당 에너지 소비량 세계 1위!

그중에서도 미국의 대외 군사정책에 관해서

제국주의적 군사정책이라는 비난의 화살이 쏟아진다.

미국은 침략적인 군사정책을 중단하라!

그러면 미국은 언제부터 이런 소리를 듣게 되었을까?

원주민들 몰살했을 때부터지 뭐!

독립 직후부터 남북전쟁 이전까지 미국의 대외정책을 살펴보면서 해답을 찾아보죠.

훌쩍

Calm down

독립 이후 프랑스, 스페인으로부터 토지를 매입해 광범위한 영토를 확보한 미국은

다 내꺼!

국제 무대에서 점점 자신감을 갖기 시작했다.

여어~ 안녕하슈?

저게 돈 좀 벌었다고…

1823년 제임스 먼로 대통령은 '먼로 독트린'이란 외교방침을 선언한다.

James Monroe
(1758~1831)

먼로 독트린에 따르면 아메리카 대륙과 유럽은 서로의 일에 간섭하지 말아야 한다.

너는 너!
나는 나!

먼로는 유럽이 이를 어길 시엔 그것을 미국에 대한 비우호적인 행위로 간주하겠다고 선언했다.

거기
스톱!

한마디로 남북아메리카 전체가 미국의 관할 구역이니 건드리지 말라는 경고였다.

지가 뭔데
형님 노릇이야!

먼로 독트린 선포 후 미국은 인접한 멕시코를 상대로 영토 확장에 나섰다.

국경선에서 수시로 멕시코를 도발한 미국은

멕시코가 이에 반응하자 기다렸다는 듯이 전쟁을 선포하고

순식간에 수도 멕시코시티를 점령했다.

이 전쟁으로 미국은 캘리포니아와 뉴멕시코를 얻었다.

침략이 아닌 돈으로 땅을 매입했다는 명분을 세우기 위해 미국은 멕시코에 1천 5백만 달러를 지불했다.

몇몇 지식인들이 이 전쟁을 규탄하기도 했다.

미국의 영토 확장은 원주민의 고통이 증가한다는 것을 의미했다.

7대 대통령 앤드루 잭슨은 원주민들에게 특히 가혹했던 대통령으로 유명하다.

Andrew Jackson
(1767-1845)

잭슨 정부는 쓸모없는 황무지로 원주민들을 강제 이주시키는 인디언 추방법을 발표한다.

이 법에 따라 조지아에 살던 체로키족은 오클라호마로 떠났는데

추위와 배고픔을 견디지 못해 도중에 많은 사람들이 사망했다.

목적지에 도착했을 땐 떠날 때의 1만 7천 명 가운데 4천 명이 사망한 뒤였다.

미국의 이러한 행로는 당시 미국사회를 휩쓴 민족주의와 팽창주의의 광풍을 반영했는데

이 광풍은 '명백한 운명'이라는 이론이 바탕이 되었다.

'명백한 운명'이란 저널리스트 존 루이스 오설리번에 의해 주창된 개념으로

John Louis O'Sullivan
(1813–1895)

미국의 영토 확장은 자유정신을 세계에 전파하고자 하는 하느님의 뜻이며, 말 그대로 명백한 운명이라는 주장입니다.

뭐시여?

이것은 뉴잉글랜드 청교도들이 가졌던 '새로운 예루살렘'의 19세기식 변형인 셈이다.

새로운 예루살렘

New Style!

명백한 운명

이러한 미국의 선민의식은 오늘날에도 미국 문화와 정치의 특징으로 지목된다.

지구의 평화는 미국이 지킨다!

PART 04

남부와 북부, 분열은 왜?

산업혁명이 지나간 자리, 갈등이 시작되다

매주 주제를 놓고 토론하는 미국사 수업.

다음 주 주제는 남북전쟁.

관련 교재가 너무 두꺼웠는데 리뷰 페이퍼까지 써야 했다.

사전이냐!

다른 수업들도 비슷한 수준….

으다다다

꼼꼼히 읽는다는 것은 불가능에 가까웠기에

무리야. 안 돼….

중요하지 않아 보이는 부분은 건너뛰기로 했다.

나만 그런 게 아니겠지?

내가 건너뛴 부분 중 하나는

전투 전략은 패스! 군사수업이 아니니까.

포로수용소 환경, 부상자 통계 등 전쟁의 참상을 다룬 챕터였다.

딱히 무슨 주장을 하는 것도 아니고, 전쟁이 다 그렇지 뭘.

그리고 수업 날

자, 오늘 토론 주제는 남북전쟁입니다.

그 챕터가 집중 논의되었다.

'전쟁의 참상' 챕터가 가장 인상 깊었어요.

나도

나도

사실 토론이라기보다 감상평에 가까운 말들이 오고 갔는데

굶어 죽기 직전의 포로들의 모습이 가슴 아팠습니다.

한 가지 깨달은 것이 있었다. 외국인인 나에게 남북전쟁은 분석의 대상이지만

그러니까 노예 해방의 정치적 문맥은…

미국인들에게 이 전쟁은 6·25가 우리에게 그러한 것처럼 '동족상잔의 비극'이라는 것이다.

다소 숙연한 분위기에서 수업이 진행된 것이 인상적이었다.

숙연~

그리고 나는 교수님께 또 경고 메일을 받고 말았다.

누누히 말했건만 또 참여가 저조…

안 돼!

미국의 북부와 남부는 전통적으로 사회문화적 환경이 달랐다.

이질적 환경은 자연스럽게 긴장관계를 만들어냈는데

산업혁명을 겪은 북부가 급속히 미국의 산업과 경제를 장악하면서

양측의 갈등이 심화되었다.

남북 간의 오랜 불신과 적대감이 터져 나온 것이 남북전쟁이다.

남부의 주요 농작물은 오랫동안 담배였지만 면화도 그 뒤를 쫓고 있었다.

면화는 씨를 빼내는 작업이 너무 힘들다는 단점이 있었는데

몸에서 사리 나오겠다!

1793년 면화 섬유에서 씨를 쉽게 빼는 조면기가 발명되면서 면화 농사가 급속하게 확대되었다.

오오~

줄어드는 추세였던 흑인 노예 수는

먹여주고 재워주고 하는 데 돈이 너무 많이 들어서 백인노동자로 대체했…

면화 농사 붐으로 폭증세로 돌아섰다.

…는데 내가 왜 그랬을까?

이제 노예제는 남부 경제를 떠받치는, 없어서는 안 될 제도가 되었다.

비윤리적인 노예제 철폐하라!

우리더러 망하라고?

이 과정에서 노예들의 반란도 있었다. 1831년 버지니아에서 냇 터너라는 노예가 반란을 일으켜

못살겠다 갈아엎자!

60명의 백인들을 살해한 후 진압되었다.

다들 어디갔지?

존 브라운은 백인이면서도 노예제 폐지를 위해 무장반란을 일으켰다.

John Brown
(1800-1859)

그는 캔자스에서 흑인들의 봉기를 주도했으나 체포되어 사형당했다.

한 점 부끄럼 없다!

칼이 아닌 펜으로 저항한 백인들도 있었다.

돌격!

윌리엄 로이드 개리슨은 노예제 폐지를 주장하는 신문 〈리버레이터〉를 발행했다.

THE LIBERATOR.

모든 흑인이 노예는 아니었다. 주인의 자의로 혹은 주인 사후에 해방된 흑인들이 있었고

내가 죽거든 톰에게 자유를 주거라.

스스로 모은 돈으로 주인에게 자유를 산 사람들도 있었다.

이들은 노예제를 인정하지 않는 북부로 건너가 사는 경우가 많았지만

남부 뉴올리언스나 찰스턴 같은 도시에 흑인 자유민 거주지를 형성하기도 했다.

NEW ORLEANS

재즈의 고향!

여러 흑인자유민들이 노예제 폐지 운동가로 활약했는데

소저너 트루스
Sojourner Truth

프레더릭 더글러스
Frederick Douglass

특히 프레더릭 더글러스는 강연, 저술 등 다양한 활동으로 많은 운동가들에게 영감을 주었다.

노예로 시작해서 나중엔 외교관까지 됐죠.

한편 북부에서는 방적산업을 중심으로 산업 혁명이 진행 중이었다.

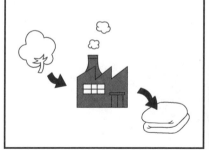

공장 노동 인구가 늘어나면서 도시가 급성장 했다.

1840~1860년 사이
뉴욕의 인구 변화

312,000명 ⇨ 805,000명

많은 사람들이 시골을 떠나 도시로 향했고

성공해서
돌아올게유!

한편에서는 외국 이민자들이 꾸준히 유입되고 있었다.

AMERICA

도시는 여러 나라의 이민자들로 북적거렸고

이들 대부분이 공장 노동자로 일했다.

새벽종이 울렸네
새아침이 밝았네~

이민자들이 늘자 토착민과의 갈등이 생겨나기 시작했다.

요즘도 다르다곤 할 수 없죠.

아시안들이 내 일자리 다 가져간다!

영화 〈갱스 오브 뉴욕〉은 바로 이 토착민과 아일랜드 이주민 간의 갈등을 그린 영화다.

이 작품은 초기 뉴욕의 도시 풍경과 생활상을 섬세하게 재현해 높은 평가를 받았다.

아~ 언제쯤 고시원에서 벗어나려나.

참고로 이 영화 광팬인 나는 꽤 많은 대사를 외우고 있다.

"When you kill a king, you don't stab him in the dark."

제법인데?

이렇게 토착민과 이민자 사이의 갈등이 한동안 이슈였는데

아버지의 원수!

와

와

더 큰 문제가 미국사회를 뒤덮기 시작했다. 바로 남북 갈등이다.

다 어디 갔어?

휭~

에이브러햄 링컨의 깜짝 등장

오랫동안 남부와 북부의 직접적 충돌이 일어나지 않았던 것은

노예제를 인정하는 주와 인정하지 않는 주의 수가 같아 표면적으로는 서로 대등했기 때문이다.

그래서 연방의회는 영토 확장으로 새로운 주가 생길 때마다

이 균형을 맞추기 위해 골머리를 앓았다.

1820년에는 위도 36도 30분을 경계로 그 이북은 자유주, 이남은 노예주로 하는 법안이 통과되기도 했다.

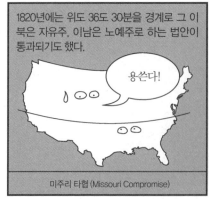

용쓴다!

미주리 타협 (Missouri Compromise)

이러한 땜질 처방이 오래 가지 못할 것이라 예견한 사람이 있었으니

그래갖구 얼마 못 간다.

바로 에이브러햄 링컨이다.

1858년 일리노이 주 상원의원 선거에 공화당 후보로 나선 그는 공개토론에서

전 더글러스 후보 떨어뜨리려고 나왔습니다!

SBC LIVE

미국은 결국 모두 노예주 혹은 자유주가 될 것이며 이로 인한 연방 분열을 막아야 한다고 역설했다.

분열된 집안은 살아남을 수 없습니다.

또한 그는 노예 해방이 아닌 연방 분열을 막는 것이 그의 관심임을 강조했다.

노예에게 투표권을 주자는 게 아닙니다. 흑인과 백인은 평등하지 않습니다.

섭하네

비록 정계 거물인 스티븐 더글러스에 밀려 낙선했지만 이 선거는 링컨을 일약 대스타로 만들어주었다.

그 친구 말발 장난 아니대….

더글러스가 꼼짝 못하더라.

링컨은 도대체 어떤 인물이었을까?

링컨에 관한 몇 가지 사실들

9살에 어머니를 여의고 양어머니 손에서 자랐다.

22살에 집을 떠나 뱃사공, 가게 점원, 우체국장 등의 직업에 종사했다.

아버지와는 사이가 좋지 않아 장례식에 조차 참석하지 않았다.

정규교육은 받지 않았고 독학으로 1836년 변호사가 되었다.

33세에 결혼. 4명의 아들을 두었는데 그중 3명이 병으로 일찍 세상을 떠났다.

불행한 가정사로 인해 평생 우울증을 앓았다고도 한다.

오늘날 거의 성인으로 묘사되는 링컨이지만

당시 주변인들은 그를 '천박한 촌뜨기'로 기억했다.

꺼억

링컨은 말투와 행동이 그리 점잖은 사람이 아니었다.

박사장! 나 지금 신도림 지났어!

별볼일 없는 배경에 그다지 호감가는 성품도 아닌 그가 주목받은 것은

아오, 듣자듣자 하니까 아까부터…

대충 생략하고 그려!

앞서 말한 1858년 일리노이 주 상원의원 선거에서의 활약 때문이었다.

링컨이다!

하하… 훌륭한 만화가가 되렴.

이후 링컨은 북부의 대변자로 점차 명성을 쌓았다.

링컨!

링컨!

전쟁의 시작과 끝 : 노예에게 자유를

1861년 링컨이 드디어 16대 대통령에 당선되었다.

그것은 남부인들에게는 청천벽력 같은 소식이었다.

북부원숭이 (링컨의 별명) 가 대통령이 됐다!

노예제 폐지된다!

결국 1861년 2월 4일, 남부 7개 주가 연방을 탈퇴, 남부연합을 결성했고

같이 가!

이후 남부 4개 주가 추가로 합류했다. (나머지 4개 주는 연방에 남았다.)

1861년 3월 5일 남부연합군이 사우스캐롤라이나 주에 있는 연방 소유의 섬터 요새를 공격하면서

4년에 걸친 남북전쟁이 시작됐다.

THE
CIVIL WAR
(1861 - 1865)

남북전쟁을 공부하면서 인상적이었던 것은

누가 어디서 뭘 했는지 다 기록했어!

이러니까 읽을 게 많지.

남북전쟁에 관한 역사 자료가 매우 풍부하다는 것이다.

특히 사진 자료가 많아 5, 60년 전의 모습을 보는 듯한 기분이 들 정도였다.

150년 전임을 감안하면 대단하게 느껴진다. 우리는 이때 김정호가 대동여지도를 제작하고 있었다.

아, 조선 왜 이렇게 넓어.

네X버 지도 보여드릴까…

또한 풍부한 자료들이 그냥 썩고 있는 게 아니라 현재 다양한 방식으로 사람들에게 전달되고 있다.

영화, 소설, 게임… 쏟아져 나온다!

요즘은 관련 앱만 해도 100여 개에 달하며 그중에는 남북전쟁 때의 총 내부 구조를 보여주는 앱까지 있다.

총 덕후가 만든 앱인가?

이런 걸 왜 만들어?

이런 환경 덕분에 남북전쟁은 지금도 미국인들에게 늘 가까이에 있다.

우리도 60년 전의 6.25를 좀 더 자주 되새겨야 하지 않을까?

6·25 발발 연도가 몇 년이게요?

1861년 1월 1일 링컨은 비장의 무기, 노예 해방 선언을 발표한다.

오늘을 기해 노예들이 자유의 몸이 되었음을 선언합니다!

이것은 남부 면화를 수입하는 유럽 국가들, 특히 영국의 전쟁 개입을 막기 위한 전략적 선택이었다.

남부가 지면 우리 방적산업에 타격이 큰데….

도와줄까?

노예 해방 선언은 남부의 노예제를 부각시켜 이미 노예제가 사라진 유럽이 남부를 지원하는 것을 어렵게 했다.

저런 비윤리적인 남부를 돕겠다고?

선언은 남부연합 지역의 노예들을 움직이려는 목적도 있었다.

링컨이 노예 해방 선언을 했대.

일 안 하고 뭐라고 쑥덕거려!

실제 많은 노예들이 남부를 탈출하여 연방군에 가입했다.

그래도 전쟁은 쉽게 끝날 줄을 몰랐다.

1864년 남부연합의 심장 애틀랜타가 함락되자 전세가 북군 쪽으로 기울었다.

영화 〈바람과 함께 사라지다〉의 배경이 바로 남북전쟁의 애틀랜타이다.

링컨은 재선에 성공했다. 이때 그의 선거 구호는

이후 전시 중 선거에서 현직 대통령들의 단골 선거 구호가 되었다.

1865년 4월 3일 남부연합의 수도 버지니아의 리치먼드가 함락되면서

4년에 걸친 지루한 전쟁이 끝났다.

링컨 암살과 남부 재건 : 끝나도 끝난 게 아니다

전쟁으로 남부는 초토화되었다.

남부의 재건을 두고 연방에선 온건파와 강경파가 대립했는데

넓은 아량으로 포용합시다.

웃기네! 관련자 처벌!

온건파에 가까웠던 링컨은

에헤이~ 거 사람 야박하게 왜 그러시나.

남부연합주 주민의 10%만 연방에 충성을 서약하면 연방 복귀를 허용하는 계획을 발표했다.

10%!

하지만 링컨의 구체적인 남부 재건 계획은 알려지지 않았다.

고뇌하는 저 모습!

그리고 그것은 영원히 알 수가 없게 됐다.

그동안 수고 많으셨어요.

오, 만화가 친구. 근데 표정이 왜 그래?

1865년 4월 14일 극장에서 연극을 관람하던 링컨이 총에 맞아 숨을 거두었다.

범인은 27세의 연극배우 존 윌크스 부스로

폭군의 말로다! 남부는 복수했다!

현장에서 도주했다가 은신처에서 발각돼 사살당했다.

…라고 말했다고 역사에 남겠지?

탕

갑작스런 링컨의 죽음에 전국적인 애도의 물결이 흘렀고

O Captain! My Captain!

월트 휘트먼의 링컨 추모 시

링컨은 거의 성인의 반열에 올랐다.

링컨은 각종 미디어 속에서 끊임없이 재탄생됐다.

ABRAHAM LINCOLN vs. ZOMBIES

헉!

그만큼 미국인들의 링컨 사랑은 각별하다.

가장 존경하는 인물 설문조사!

또 링컨이 1위네.

어쨌든 전후 뒤처리는 이제 부통령 앤드루 존슨이 맡게 되었다.

응애~

날더러 어떡하라고!

존슨은 남부 출신 민주당원으로 연방을 탈퇴하지 않고 상원에 남았던 인물이다.

안 가요?

탈퇴는 좀 아닌 것 같아요.

남부 출신인지라 남부의 연방 복귀에 온건한 태도를 취했다.

하하… 오랜만입니다.

고생 많으셨죠?

그러다 보니 남부연합에 가담했던 주요 인물들이

쏴라!

기관 요직에 다시 돌아오기도 했다.

대 마 불 사

원래 내 자린데 뭐!

힘을 되찾은 남부는 해방노예들을 통제하는 법을 제정하기 시작했다.

흑인법 (Black Codes) 이라고 하죠.

이 법에 따르면 흑인은 농장일꾼 외의 직업을 가질 수 없었고

암 어 힙합 뮤지션!

거기 경찰서죠?

직업이 없는 경우 마음대로 떠돌아다닐 수도 없었다.

청년실업이나 먼저 해결해!

이런 분위기 속에서 흑인을 타깃으로 하는 폭력조직들도 생겨났는데 가장 유명한 단체가 KKK(Ku Klux Klan)다.

'단체'를 의미하는 그리스어 'Kyklos'에서 유래된 말이죠.

테네시 주의 퇴역군인들에 의해 조직된 KKK는

새 전대물 시리즈인가봐!

흑인과 백인 공화당원을 상대로 폭력을 일삼았다.

근데 옷이 불편해…

공화당이 이런 상황을 보고만 있지는 않았다.

이것들이 진짜 보자보자 하니까!

연방의회는 미국 출생자는 모두 미국 시민이 된다는 내용을 골자로 한 14번째 수정헌법을 제정했다.

이전에 흑인은 미국 시민이 아니었어요.

이제서야 미국 시민이 됐죠.

오늘날 문제되고 있는 원정 출산은 바로 이 수정헌법으로 가능한 것이다.

출국 ←

1870년에는 15번째 수정헌법으로 흑인이 선거권을 갖게 되었다.

꿈이냐 생시냐!

이 과정에서 사사건건 거부권을 행사했던 존슨 대통령은

VETO

의회로부터 탄핵소추를 받았다.

VETO

1표 차로 탄핵은 부결됐지만 그는 남은 임기를 조용히 지내야 했다.

엄마가 섬그늘에~

하지만 남부의 재건이 해피 엔딩만은 아니다.

흑인 보호를 위한 공화당의 노력은 점차 힘을 잃었고

남부 백인들의 선거권이 회복되면서 1874년 에는 민주당이 연방하원에서 다수를 차지하 게 됐다.

남부 주들은 흑인의 선거권을 박탈하기 위해 시험을 통과한 사람에게만 선거권을 주었다.

흑인에게는 어려운 문제가, 백인에게는 쉬운 문제가 출제되었다.

흑인들이 자신들의 권리를 쟁취하기까지는 100년의 시간이 더 걸려야 했다.

남북전쟁 이후 150년이 지난 지금 남북갈등은 옛말이 되었지만

요새 누가 남부니 북부니 따지나요?

남부는 특유의 문화로 여전히 다른 지역과 구분되고 있다.

컨트리 음악

남부 음식

무엇보다 남부는 보수 기독교의 영향력이 강하고

아멘! 믿~쑵니다!

사회적, 정치적으로도 보수적이다.

공화당 텃밭!

공화당의 상징 코끼리

* 이 만화를 그리는 중 노스캐롤라이나에서 동성결혼을 금지하는 주 헌법 개정안이 통과됐다.

그리 놀랄 일도 아니지.

또한 여전히 농업 종사자가 많다.

농자천하지대본

교육 수준이 낮고 가난한 남부 백인 농부들을 레드넥(Redneck)이라 부르기도 한다.

대중매체에서 자주 우스꽝스럽게 그려지곤 하죠. 딸꾹!

남부에서 살려면 한 가지 각
오해야 할 것이 있다.

부스럭
부스럭

도…도둑?

부스럭

빼꼼

그것은 믿을 수 없도록 큰 바퀴벌레다.

냠냠

악

꺼억~ 잘 먹었다.

이제 가야지.

엄청난
크기의
날개!
ㄲㄲ

걸을 때 '착착착' 하는 소리도 난다.

부엌에서 처음 본 순간 영혼이 빠져나가는 듯했다.

푸드덕 날기라도 했다면 기절했을 것이다.

기겁하기는 미국인들도 마찬가지다. 놀라는 외지인에게 남부인은 이렇게 말한다.

그래도 남부는 따뜻한 날씨에 따뜻한 사람들이 많은 살기 좋은 곳이다.

2012년 CNN 〈Money Magazine〉은 살기 좋은 곳으로 텍사스 맥키니(2위), 버지니아 레스턴(7위) 등을 꼽았다.

실제 바퀴군은 잡으려다 놓쳐 버렸고 이후
한 달간 집 문을 열 때마다 두려움에 떨었음.

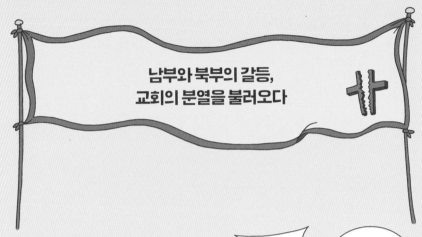

남부와 북부의 갈등, 교회의 분열을 불러오다

노예제를 둘러싼 남부와 북부의 갈등은 두 지역을 종교적으로도 갈라놓았다. 전쟁의 조짐이 보이기 시작하면서부터 미국의 감리교, 침례교, 장로교 등의 개신교 교단들은 내부에서 노예제 폐지를 주장하는 북부 분파와 노예제를 수호하려는 남부 분파로 갈라졌다. 전쟁 기간 동안 북부와 남부의 교회는 하느님이 자신들의 편에 있다고 주장

반 기독교적인 노예제 철폐! 북부

정교분리한다는 너네 헌법이나 고치시지! 남부

예수천당 불신지옥!

했으며, 성경은 두 편 모두에게 그러한 믿음의 근거가 되었다.

분열이 가장 두드러진 교단은 규모가 큰 교단인 감리교, 침례교, 장로교였다. 감리교는 1843년 교단이 노예제에 대해 명확한 입장을 표명하지 않는 것에 불만을 가진 교인들이 독립해 웨슬리안 감리교를 세웠다. 그다음 해에는 노예제 수호를 내세운 남부의 감리교인들이 교단을 떠나 남감리교를 조직했다. 침례교는 북부의 침례교회들이 노예제에 반대 목소리를 내자 1845년 이에

반대하는 남부 침례교회들이 남침례교
를 세웠다. 장로교의 경우 1866년 남장
로교가 분리독립했고 북부에서는 1870
년 북장로교가 조직되었다.

분열된 감리교, 침례교, 장로교 교단들은
남북전쟁 이후에도 통합되지 않고 그대
로 지속되다가 감리교는 1939년, 장로교
는 1983년에야 통합이 이루어졌다. 침례
교는 현재까지도 분열된 채로 이어져오
고 있다.

남북전쟁 중 북군 측 가톨릭 군종신부의 미사 집전 모습

이에 반해 상대적으로 중앙집권적 위계
조직을 갖추고 있었던 가톨릭과 성공회
는 내부 분열이 있었으나 전쟁 이후 곧
다시 통합되었다. 또한 시작부터 노예제
에 반대 입장을 표명했던 퀘이커나, 역사
적으로 북부 지역에 깊게 뿌리 내린 회중
교회는 노예제를 둘러싼 내부 분열을 겪
지 않았다.

이렇게 몇몇 비주류 교단들을 제외하면
대부분의 교단들은 이 시기에 분열을 겪
었으며, 남과 북으로 갈라선 미국의 교회
들은 각자 하느님의 뜻이 자신들의 편에
있다고 믿었다. 북부의 교인들은 노예제
가 성경의 가르침에 어긋난다고 비
난한 반면, 남부의 교인들은 아프리
카 흑인들은 백인의 지도 아래 노예 상
태로 있어야만 죄의 굴레에서 벗어날 수
있다고 주장했다. 전쟁 중 남부와 북부의
교회는 여러 차례 특별 예배와 기도회를

열어 자신들의 승리를 기원했고, 남부 연
합은 남부가 기독교 국가임을 헌법으로
제정하기까지 했다. 남북전쟁을 둘러싼
교단의 분열과 교회를 휩쓴 애국주의의
물결은 정치적 문맥과 밀접하게 연관된
미국 종교의 특성을 잘 보여주는 사례다.

PART 05

산업화, 미국의 빛과 그늘

개척하고 발명하고 개발하라

거대 자본가의 전성시대

안으로는 혁신, 밖으로는 침략

"자네가 그림을 그리면 전쟁은 내가 만들어내겠네." 황색 저널리즘이 부추긴 전쟁

개척하고 발명하고 개발하라

남북전쟁 후 미국은 빠르게 산업사회로 변모했다.

철강과 석탄산업이 크게 성장했고

오랫동안 용도를 몰랐던 석유도

아우 누가 우리 밭에 간장 쏟았어!

연료로서의 기능이 발견되면서 개발산업이 급속히 성장했다.

당시를 배경으로 한 영화 〈데어 윌 비 블러드〉는 19세기 말 미국 석유개발자의 삶을 적나라하게 그리고 있다

이 영화도 다니엘 데이 루이스가 주연을 맡았죠.

가만! 뭔가 이상해!

다니엘 데이 루이스가 몇 번을 나와!

지금까지 소개한 미국 역사 관련 영화의 주연이 대부분 다니엘 데이 루이스!

   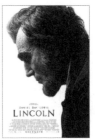

2012년 개봉한 〈링컨〉에서도 주연!

외계인과
FBI의
음모인가!

이번 영화
주연도
다니엘로
하시오.

딱

...는 무슨.
그런 게 어딨어.

다니엘 데이 루이스가 미국 역사를
다룬 영화에 자주 출연하는 것은
아마 그가 가진 '개척 시대의
미국인' 이미지 때문일 거야.

영국 배운데?

거친 태도와 강인한 의지, 그러면서도 따스함
이 깃든 눈빛은 황야를 개척하던 미국인을 떠
올리게 하지.

PART 05 산업화, 미국의 빛과 그늘 139

음모론 같은 거 너무 좋아하지 말라구. 안녕!

슈융

고마워 외계인

쭈욱

휴우~

쳇, 눈치 채기 시작했나….

쉬익~

다시 돌아가서, 1869년에는 대륙횡단 철도가 완공되었다.

칙칙
푹푹

이에 따라 서부 지역의 개척도 활발히 이루어 졌다.

땅

서부 공인중개사

서부 지역 부동산 투기 붐이 일어났죠.

철도 공사에 투입된 인부들의 상당 수는 중국 인들이었는데

이들은 샌프란시스코에 정착해 차이나타운 을 형성했다.

미국 서부의 관광 명소!

1876년 알렉산더 그레이엄 벨이 전화 발명

짜장면 곱배기 두 그릇이요~

단무지 많이 주세요~

1888년 조지 이스트먼이 코닥 카메라 개발

셀카?!

부들부들

발명왕 토머스 에디슨이 백열등, 축음기 등 발명

야근, 밤샘 작업의 원흉!

* 에디슨이 세운 '에디슨 전광회사'는 오늘날 미국 굴지의 대기업 '제너럴 일렉트릭(GE)'의 전신이다.

경영의 달인 잭 웰치가 CEO 로 있던 회사!

1896년 헨리 포드가 포드 자동차를 개발

* 포드사 하면 뭐니뭐 니해도 머슬카의 상징 머스탱!

1903년 라이트 형제가 동력 비행기 시험 비행에 성공

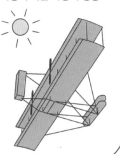

거대 자본가의 전성시대

산업 규모가 커지면서 거대 자본가들이 등장했다.

앤드루 카네기
Andrew Carnegie

존 D. 록펠러
John D. Rockefeller

이들은 거대 자본을 이용해 경쟁사를 사들여 특정 시장을 독점했다.

예를 들어 석유재벌 존 록펠러는 미국 정유소의 95%를 독점했다.

참고로 오늘날의 '엑손모빌'이 록펠러가 세운 '스탠다드 오일'에 기원을 둔다.

미국 어디서나 흔히 보이죠.

또한 카네기의 철강회사는 미국 철강의 3분의 1을 생산했다.

I'm Steel Man!

기업합동(trust), 노동운동 탄압 등 수단과 방법을 가리지 않는 자본 축적 방식 탓에 이들에게는 '강도 남작(robber baron)'이란 별명이 붙었다.

회사 내놔.

연방정부는 이런 상황에 간섭하지 않았다.

아싸, 애니팡 20만 점!

중소기업 살려!

연방 정부

뿡 뿡

당시 경제 원칙은 완전한 자유방임주의였기 때문이다.

레세-페르!*

Adam Smith (1723–1790)

* Laissez–Faire, 자유방임주의

사상 면에서는 허버트 스펜서의 '사회진화론'이 유행했다.

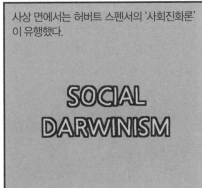

SOCIAL DARWINISM

사회진화론이란 사회도 생물처럼 적자생존 원리에 의해 진화한다는 이론으로

경쟁에서 패배한 자가 도태되는 것이 사회 발전을 위한 것이라고 보는 시각이었다.

Thank You!

많은 강도 남작들이 사회진화론에서 자신들 행위의 정당성을 찾았다.

우리 덕에 사회가 얼마나 진화했는데.

내말이

몇몇 거대 자본가들은 특별하지 않은 환경에서 자수성가한 사람들이었고

작은 회사 경리였던 존 D. 록펠러

어느 시점부터는 자선사업에 몰두한 사람들도 있었다.

부자인 채 죽는 것은 부끄러운 일이다.

앤드루 카네기

이들은 아메리칸 드림의 표본이 되었다.

서점가에는 가난한 사람이 근면성실함으로 성공하는 소설들이 인기를 끌었다. 그만큼 많은 사람들이 거대 자본가를 꿈꿨다.

칠전팔기

개천에서 용난다

대박

(저도 열심히 노력합니다. 흠흠.)

하지만 자수성가한 거대 자본가들은 소수였고 대부분 부유한 가정에서 부를 물려받았다.

이런 강된장! 그럼 그렇지!

또한 근면성실보다는 부정부패로 부를 취하는 경우가 훨씬 많았다.

이 시기 노동자들의 근로 조건은 매우 열악했다. 평균 임금이 빈곤 수준이었고

쥐꼬리

하루 10~14시간을 일하는 것이 보통이었다.

맨날 별 보고 퇴근~

요새 한국도 그래요.

작업장에서의 안전사고도 잦았고 정당한 보상도 없었다.

보상 대신 늘 긍정적으로 생각하라는 조언을 드리죠.

아동 노동 착취도 극심했다.

주거환경도 열악해서 창문과 수도 시설도 없는 방에 한 가족이 살았다.

열악한 위생환경 탓에 콜레라 같은 전염병이 자주 돌았다.

아, 내가 병균이지만 니네 너무했다.

견디다 못한 노동자들이 파업에 들어갔다.

정부의 파업 진압은 폭력사태로 이어지기 일쑤였다.

진압에 폭력배들이 동원되기도 했다.

파업은 대부분 노동자 측의 패배로 끝났다. 군대와 경찰에 맞서기에 역부족인 탓도 있었지만

노동자들이 대부분 이민자들로 구성되어 결속이 어려웠고

파업이 언론에 부정적으로 보도되어 여론의 지지를 받지 못한 탓도 있었다.

'노동기사단'과 같은 조합이 결성되어 노동자 운동을 주도했으나

노동기사단이 주도한 시위에서 누군가 경찰에게 폭탄을 던지는 일이 발생.

반국가단체라는 여론의 비난 속에서 해체되어버렸다.

그나마 미국노동총연맹(AFL)이 협상을 통해 어느 정도 성과를 거뒀는데

숙련공만 가입이 가능했기 때문에 대부분의 노동자와는 관련이 없었다.

1900년까지 노동조합에 가입한 노동자는 4%에 불과했다.

안으로는 혁신, 밖으로는 침략

20세기 초 이러한 현실을 개혁하고자 하는 '혁신주의'의 바람이 불었다.

프로그레시비즘!

혁신주의의 대표주자는 시어도어 루스벨트 대통령이었다.

애칭으로 테디(Teddy)라고 불렸죠.

그다지 좋아하진 않았지만.

그는 '셔먼 反트러스트법'을 통해 대기업 시장 독점을 규제하고자 했고

침은 왜 흘리는데!

광산회사의 노사협상에 개입해 노동자 측의 손을 들어주기도 했다.

루스벨트에 관한 재미있는 일화. 어느 날 그가 곰 사냥을 나갔는데 한 마리도 잡지 못했다.

각하, 오늘 일진이 안 좋네요.

그래서 그가 쏠 수 있도록 부하들이 곰을 잡아왔지만 그는 곰을 놓아주었다.

에헤이~ 놔줘, 놔줘.

한 장난감 상인이 이 이야기를 듣고 곰 인형에 루스벨트의 애칭을 붙여 팔았다. 이것이 '테디베어'의 기원이다.

죽다 살아난 곰이지.

혁신주의 흐름을 타고 여성참정권 운동이 일어났다.

우린 투표권 왜 안 주는데!

지금이야 당연한 일이지만 당시 여성의 참정권 요구는 매우 급진적 행위였다.

여성참정권 운동?

드디어 세상의 종말이 온 건가?

운동은 전미여성참정권협회(NAWSA)를 중심으로 이루어졌는데

Votes for Women!

National American Woman Suffrage Association

반대진영은 이들이 가정을 파괴한다고 비난했다.

암탉이 울면 집안이 망한다!

여성 참정권 반대!

반대자들 상당 수는 여성들이었다.

그럼에도 불구하고 제인 애덤스와 같은 훌륭한 여성 운동가들의 노력이 있어

1910년 워싱턴 주에서 처음으로 여성에게 투표권이 주어졌고

인증샷!

제1투표소

1920년엔 여성의 참정권이 헌법으로 보장되었다.

수정헌법 19조!

흑인들도 권리찾기에 나섰다.

우리도 할 말 많다!

선거권이 주어진 후에도 흑인의 지위는 크게 달라진 것이 없었기 때문이다.

흑인의 선거권은 교묘하게 박탈되었고 흑백의 공간은 철저히 분리되었다.

친절 PC방

흑인 오면 죽는다.

흑인운동의 구심점이 된 기관은 전미유색인 지위향상협회(NAACP)였다.

NAACP는 법적 소송을 통해 흑인의 권리를 보호하고자 한 단체였다.

법학 교육을 받은 엘리트 흑인들의 운동이었죠.

NAACP의 노력으로 여러 곳에서 흑인의 선거권 제한법이 폐지되었다.

원고 승소!

와아!

NAACP의 더 큰 활약을 기대하세요!

20세기 초는 미국이 제국주의 시대로 진입한 시기이기도 했다.

미국의 제국주의 진입의 계기가 된 사건은 스페인 지배 하에 있는 쿠바의 독립전쟁이었다.

1898년 1월 미국은 쿠바 내 자국민 보호를 명목으로 전함 메인호를 파견했는데

이 배가 아바나 항에서 폭발하는 사건이 발생했다.

미국 언론은 이것을 스페인의 소행으로 보도했다.

스페인 놈들이?!

추후 조사에서 메인호는 내부 고장으로 폭발했음이 밝혀졌지만

고장나서 터진 거네 뭐.

이미 주사위는 던져진 뒤였다. 1898년 4월 미국은 스페인에 선전포고를 했다.

내가 간다!

대통령이 되기 전 루스벨트가 의용군으로 참전함.

미국은 스페인을 간단히 제압했다.

전쟁의 승리로 쿠바를 장악하고 필리핀, 푸에르토리코, 괌을 할량받은 미국은

덕분에 독립했네요!

Thank You!

저기…
이제 가셔도 되는데….

순식간에 제국주의적으로 변모했다.

이제 우리 땅!

미국은 현지인들의 반란을 잔혹하게 제압했다. 1906년에는 필리핀에서 민간인 600명이 몰살당하기도 했다.

모로 대학살

미국사회 내에서는 부조리와 싸운 루스벨트였지만, 대외적으로 그는 미국의 제국주의적 침략의 원조로 평가받는다.

당신을 믿었는데!

테디베어 참아!

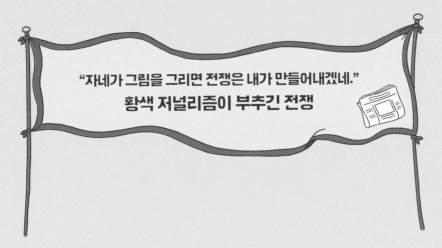

"자네가 그림을 그리면 전쟁은 내가 만들어내겠네."
황색 저널리즘이 부추긴 전쟁

19세기 후반은 대중신문이 급속히 성장한 시기였다. 읽기 쉬운 흥미 위주의 기사거리와 다양한 광고를 싼 가격에 제공하는 대중신문은 일종의 오락물로 빠르게 퍼져나갔다. 1890년 미국의 일간지 발행 부수는 830만 부에 달했다.

이 시기의 신문들은 살인사건, 특권층의 생활, 정치 스캔들 등 선정적인 뉴스를 드라마틱하게 과장된 삽화와 함께 게재했다. 판매 부수에 열을 올린 신문사들은 너나 할 것 없이 앞다투어 선정적인 헤드라인으로 포장된 기사를 내보냈다. 이 과정에서 사실을 왜곡하거나 근거도 없는 이야기를 지어내는 일도 허다했다. 1890년대 이러한 언론의 보도 행태는 '황색 저널리즘yellow journalism'이라 불렸다.

'황색 저널리즘'이라는 말은 당시 최대 판매 부수를 기록했던 〈선데이 월드〉에 게재된 리처드 펠튼 아웃콜트Richard Felton Outcault(1863~1928)의 만화 '노란 꼬마The Yellow Kid'에서 유래되었다는 것이 정설로 받아들여지고 있다. 아웃콜트는 만화 연재 도중 경쟁 신문인 〈선데이 저널〉로 옮겨 '노란 꼬마'의 연재를 계속했는데, 인기 만화를 경쟁사에 뺏긴 〈선데이 월드〉가 다른 만화가를 고용해 '노란 꼬마'를 계속 연재했다. 이제 영향력 있는 두 대중신문에서 노란 옷을 입은 꼬마를 볼 수 있었고, 이로 인해 두 신문사들은 '황색 언론yellow press'이란 이름으로 불렸는데, 이것이 선정적인 기사 위주의 대중신문들을 가리키는 '황색 저널리즘'이라는 용어로 확대되었다.

1898년 미국-스페인 전쟁은 황색 저널리즘의 폐해가 적나라하게 드러난 사건이었다. 쿠바에서 스페인의 지배에 항거하는 폭동이 일어나자 미국의 신문들은

〈뉴욕 월드〉의 메인호 폭발 사건 보도기사

〈선데이 월드〉에 게재되어 인기를 끈 만화 '노란 꼬마
(The Yellow Kid)'

경쟁적으로 스페인의 폭동 진압을 자극적으로 묘사해 대중들을 흥분시켰다. 당시 〈선데이 저널〉의 경영자 윌리엄 랜돌프 허스트William Randolph Hearst(1863~1951)가 쿠바에 파견한 삽화 기자에게 보냈다는 전보는 유명하다.
"자네가 그림만 그려 보내면 전쟁은 내가 만들어 내겠네.You'll furnish the pictures and I'll furnish the war."

1898년 1월 미국 정부가 쿠바 내 미국인 보호를 목적으로 파견한 전함 메인호 Maine가 원인불명으로 아바나 항구에서 폭발하자 황색 언론은 일제히 폭발을 스페인의 소행으로 보도했다. 이에 여론이 동조했고 스페인이 메인호를 공격한 것이 기정사실화되면서 스페인에 복수해야 한다는 여론이 급속히 확산되었다. 여론의 압박을 견디지 못한 매킨리 대통령은 결국 1898년 4월 스페인에 선전포고를 선언하고 쿠바에서 스페인을 몰아냈다. 이후 조사에서 메인호의 폭발 원인은 엔진 고장으로 밝혀졌지만 이미 전쟁은 끝난 뒤였다. 일부 역사가들은 허스트와 같은 황색 언론인들의 선정적인 보도가 없었다면 미국-스페인 전쟁이 일어나지 않았을 것이라고 본다. 그런 점에서 이 전쟁을 '허스트의 전쟁Hearst's war'이라고 부르기도 한다.

PART 06

전쟁, 그리고 광란의 20년대

제1차 세계대전 : 전쟁 장사와 참전으로 우뚝 선 미국

20년대의 얼굴 : 광란의 시대, 환멸의 시대

술, 금지되지 않은 욕망의 이름, 금주법의 운명

제1차 세계대전 : 전쟁 장사와 참전으로 우뚝 선 미국

한국인들은 불교신자가 아니어도 전생 개념에 친숙하고

예능감 있는 땅부자 광개토대왕?

전생을 알려주는 앱 결과

대중매체에서 이를 다뤄도 자연스럽게 받아들인다.

지금 뭘 하고 계시나요?

나라를… 팔아먹고 있어요….

SBC

스톱! 카메라 꺼!

스타 전생체험

미국에도 이처럼 대중적인 종교 개념이 있는데 바로 기독교 종말론이다.

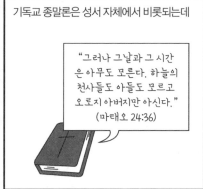

기독교 종말론은 성서 자체에서 비롯되는데

"그러나 그날과 그 시간은 아무도 모른다. 하늘의 천사들도 아들도 모르고 오로지 아버지만 아신다." (마태오 24:36)

가톨릭과 주류 개신교에서는 이를 상징적 의미로 받아들이는 반면,

상징적 표현일 뿐 정말로 세계가 멸망하는 것이 아닙니다.

비주류에서는 문자 그대로 받아들인다. 그런데 이 비주류 종말론이 미국문화에 깊게 자리잡고 있다.

0000년 00월 00일 00시에 종말이 옵니다.

아멘!   아멘!

미국문화에 자리 잡고 있는 이 종말론을 '세대주의적 전천년설'이라고 하는데

예수재림 ▶ 환난 ▶ 이상세계 도래

Dispensational Premillennialism

19세기 초 아일랜드 성공회 신부 존 넬슨 다비가 처음 확립해 미국에 전파했다.

John Nelson Darby
(1800-1882)

세대주의적 종말은 미국 소설과 영화에서 자주 다뤄지는 소재다.

지구 종말을 불러올 재앙을 다룬 영화 〈노잉〉의 한 장면

특히 소설 《레프트 비하인드》가 유명한데

1995년부터 2007년까지 무려 6천 5백만 부가 판매됨.

전 세계에서 수백만 명이 사라지고 난 뒤 지상에 남겨진 사람들이 겪는 혼란을 묘사한 소설이다.

운전기사가 갑자기 사라졌어!

빠른 전개와 넘치는 긴박감으로 읽는 재미가 있다.

스티븐 킹 소설 같네!

우리나라에서도 1992년 '다미선교회 종말론 사건'으로 기독교 종말론자들이 크게 부각된 적이 있었다.

3...2...1... 땡!

온다던 종말이 안 오는 바람에(?) 선교회가 해체된 사건이었다.

조용~

목사 잡아!

반면에 미국에서 종말 사상은 다소 일상화되어 있어서

이번이 바로 그날일지 모르니 준비합시다.

2000년이 심판의 해일 수 있음을 경고한 제리 폴웰(Jerry Falwell) 목사

종말론 때문에 큰 소동이 벌어지는 경우가 별로 없다.

음, 아니네요. 다음을 기약합시다.

네, 아멘

이런 문화 속에서 큰 사건, 사고는 종종 종말의 전조로 여겨지곤 하는데

종말인가?

9.11 테러

제1차 세계대전이 그랬다.

종말인가?

19세기 초 서구열강들 간의 식민지 쟁탈전은 과열 양상을 보였다.

결국 1914년 세르비아 사라예보에서의 오스트리아–헝가리 제국 황태자 부부 암살 사건이 도화선이 되어

모든 강대국들이 뛰어든 제1차 세계대전이 발발했다.

이 전쟁은 유럽 강대국들 간의 알력 다툼이었던지라

쾅!

펑!

이집은 탕수육이 맛있네

한 발 떨어져 중립을 지킨 미국은

미국은 유럽 일에 관여하지 않겠다!

28대 대통령 우드로 윌슨

영국과 프랑스에 군수물자를 판매하며 실속을 챙기고 있었다.

또 오세요!

여기 장사 잘 되네…

MADE IN USA

그러나 독일 잠수함이 영국에 접근하는 미국 선박을 공격하기 시작하면서

여론은 점차 참전 쪽으로 이동했다.

독일놈들 안 되겠구만.

평화? 두고 봐야지

그러던 중 독일정부가 멕시코 측에 보낸 편지를 연합군이 입수했는데

각하, 편지를 입수했습니다.

…….

미국이 참전할 경우 멕시코가 독일을 도우면 과거 멕시코 영토였던 미국 내 영토를 돌려주겠다는 내용이었다.

이놈들!

근데 과거 멕시코 영토*가 어디야?

원래 다 우리 땅 아닌가요?

* 캘리포니아, 네바다, 뉴멕시코 등

여기에 독일의 미국 선박 공격이 계속되자 여론은 완전히 참전 쪽으로 기울었다.

아오 이것들이 진짜!

칵! 저리 안 가?

1917년 4월 2일, 미국은 참전을 선언했다.

"The world must be made safe for democracy."

"독일 너네 죽었어." 이 말입니다.

미국의 참전 이후에도 여전히 전쟁에 반대하는 사람들은 있었는데

아, 중립 지키면서 장사나 하면 되지, 왜 나서?

이들 중에는 종교적 신념에 따라 전쟁을 반대한 사람들이 있었다.

오른뺨을 맞으면 왼뺨을 내밀라고 하셨다!

비폭력!

전천년설을 신봉하는 종말론자들도 그런 사람들이었다.

드디어 종말이 왔다!

전쟁을 종말의 징후로 본 이들은, 중요한 것은 속세의 국가가 아니라 곧 맞이할 이상세계라고 보았다.

그런 탓에 이들 중 징집을 거부하는 사람들이 적지 않았는데

종말인데 군대를 왜 가!

좌악   쫙

← 입영통지서

참전과 더불어 불어온 애국주의 열풍 속에서 이들은 지탄의 대상이 되었다.

배신자!   매국노!

애국주의 열풍 속에서 몇몇 학교는 독일어 수업을 폐지했고

오늘부터 독일어 대신 한국어를 배웁니다.

새로 오신 홍 선생님께 모두 박수!

짝짝짝

방첩법(Espionage Act)이 제정되어 전쟁에 반대하는 사람들이 투옥됐다.

이런 분위기 속에서 공개적으로 반전을 외치기는 어려웠는데

주여, 이 땅에 평화를 주소서.

사실 상당 수는 스스로 반전을 버리고 애국주의 열풍에 동참하기도 했다.

독일 놈들을 싸그리 몰살시켜서 말이죠.

이는 남북전쟁에서 그랬던 것처럼

남부를 돌보소서.

북부를 돌보소서.

애국주의가 미국의 기독교 안에서 얼마나 큰 힘을 발휘하는가를 보여주는 예다.

미국 기독교

문신!

나의 조국 미국

독가스, 전투기 등 온갖 신기술 살상 무기가 등장해 천만 명 이상의 목숨을 앗아간 제1차 세계대전은

1918년 11월 3일 독일의 항복으로 종식되었다.

주여,
오실 것처럼 하다가
안 오시깁니까

연합국의 승리에 결정적 기여를 한 미국은 이제 명실상부한 강대국이었다.

YEAH!

전후 문제를 논의하는 자리에서 윌슨의 제안에 따라 국제연맹이 창설되었는데

또 전쟁 안 나게
국제연맹 뭐 그런 거
하나 있어야 하지
않겠어요?

미국 내에서는 상원에서 부결되어 정작 미국은 가입하지 못했다.

미국에선
아니라네요.

1920년 대선에서는 '평상으로의 복귀'를 내세운 공화당의 워런 하딩이 승리했다.

전후 미국의
20년대가 어땠는지
볼까요?

20년대의 얼굴 : 광란의 시대, 환멸의 시대

종전 이후에도 경직된 사회 분위기는 지속되었다.

도대체 정부는 말이야…

쉿!

1917년 러시아 공산혁명으로 미국 내 공산주의에 대한 공포가 확산되었고

공산주의자들 무서워!

근데 공산주의가 뭐야?

모르지.

공산주의자 색출작업이 이루어졌다.

빨갱이!

햇볕에 탄 거예요!

공산주의에 대한 공포는 노동운동 탄압에 이용되기도 했다. 기업가들은 파업 노동자들에게 공산주의자 딱지를 붙여 그들을 쉽게 제압했다.

빨갱이래요!

이러한 분위기 속에서 그동안 잠잠했던 KKK가 다시 득세하여

I'm back!

1925년에는 워싱턴에서 KKK의 시가행진이 열리기도 했다.

하지만 사람들은 점차 이보다 즐거운 일들에 눈을 돌리기 시작했다.

경찰이 파업 노동자와 충돌하여…

자기야, 무한도전 보자.

1920년대는 소비시장이 크게 활성화된 시기였다.

전쟁 덕분이죠.

다리미, 진공청소기, 냉장고 등이 주부들의 노고를 덜어주었고

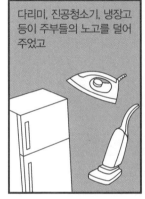

대다수의 가정이 라디오를 구비했다.

별이 빛나는 밤에!

자동차 보급률도 높아져 장거리 여행이 여가문화로 등장했다.

영화 속 배우들에게 많은 사람들이 열광했고

루돌프 발렌티노 옵빠!

거 조용히 좀 봅시다.

찰스 린드버그는 단독비행으로 대서양을 횡단해 국가적 영웅으로 추앙받았다.

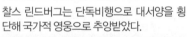

1920년대는 성 혁명의 시대이기도 했다. 지크 문트 프로이트의 정신분석학이 널리 알려지면서

모든 것은 성욕으로 귀결된다.

청교도적 자기통제 대신 자유로운 성생활을 찬양하는 문화가 등장했다.

성 혁명과 소비주의 열풍 속에서 여성들의 변화도 두드러졌다.

변신!

여성은 전쟁 중에 이미 변화를 겪었다. 공장에서 전선에 나간 남성의 자리를 여성이 채우면서 여성의 사회 참여가 급증했고

이런 변화였나…

여기에 1920년 여성들이 투표권을 얻으면서 여성의 지위가 향상됐다.

똑똑한 유권자가 돼야지.

각 후보의 공약을 살펴보자.

짝짝짝

성 혁명과 여성 지위 향상으로 '정숙한 여성상'에 얽매이지 않는 여성이 늘었다.

오마이부처님!

변화의 선두에는 '플래퍼(flapper)'라 불린
여성들이 있었다.

나풀거리는 치마
에 단발머리를 한
모습으로 대표되
는 플래퍼들은

Barbara Stanwyck
(1907–1990)
영화배우

술과 담배를 즐기고 댄스클럽에서 춤을 췄다.

강남
스타일!

'sexy
baby~

플래퍼는 우리나라에도 그 의미가 전해져 품
행이 단정하지 못한 여성들을 '후랏빠'라고 불
렀다.

조부모님과
후랏빠에 대해
이야기해봐요.

할아버지,
후랏빠가
뭐예요?

푸왁

이러한 변화에 경악한 여러 주의 주의회가 여
성의 의복을 단속하는 법안을 제출했고

발목에서 8cm
이상 올라가는
치마를 금지해야
합니다!

난 좋던데…

YWCA(기독교여자청년회)는 플래퍼 스타일
복장에 반대하는 캠페인을 펼쳤다.

시집은

어떻게
갈 거니!

1920년대는 과학의 성취가 부각되고 종교가 과거의 위상을 잃은 시기였다.

쏟아지는 문명의 이기들은 사람들의 마음을 사로잡았고

iRadio4를 소개합니다.

특히 다윈의 진화론은 기독교에 큰 타격을 주었다.

I am your father.

Noooooo!!

보수 개신교인들을 중심으로 이 흐름에 저항하는 운동이 일어났는데 이를 '근본주의 운동'이라고 한다.

아이들에게 진화론 가르치지 마라!

The fundamentalist movement

'근본주의'라는 명칭은 1910년에서 1915년 사이에 발간된 보수 개신교 출간물에서 유래되었는데

기독교의 근본을 이루는 정신에 대해 논한다!

The Fundamentals

오늘날에는 범위가 확대되어 전투적으로 보수적 가치를 수호하려는 모든 보수주의 종교 운동을 지칭한다.

알라는 위대하다!

1925년 테네시 주 데이턴에서 열린 '스콥스 재판'은 근본주의자들이 사회적으로 부각된 사건이었다.

이는 고등학교 과학교사 존 스콥스가 테네시 주에서 금지하는 진화론을 가르치다 기소된 사건으로

검찰 측 변호인으로 정계 거물이자 근본주의자인 윌리엄 제닝스 브라이언이 나서면서 전국적인 관심을 모았다.

스콥스는 100달러의 벌금형을 받았는데 사실 패배한 쪽은 근본주의 진영이나 다름없었다.

재판 내내 근본주의자들이 전국적인 조롱의 대상이 되었기 때문이다.

상심한 탓인지 브라이언은 승소 후 5일 뒤 낮잠을 자다 숨을 거두었다.

이 소동을 계기로 근본주의 운동은 사회 전면에서 물러나게 된다.

미국의 1920년대를 보통 '광
란의 20년대'라고 한다.

그만큼 떠들썩하고 들뜬 분
위기였는데

그 이면에는 어두운 모습이
있었다.

많은 사람들이 물질주의와 순응주의 속에서
허무와 환멸감을 느꼈고

가치관의 급변으로 이혼율도 급증했다.

어니스트 헤밍웨이, 싱클레어 루이스 등 많은
젊은 작가와 지식인들이 이러한 현실에 환멸
감을 토로했는데

Ernest Hemingway
(1899–1961)

헤밍웨이는 《해는 또 다시 떠오른다》에서 이
들을 '잃어버린 세대(Lost Generation)'라고
지칭했다.

그래도 노벨문학상
수상자들을 많이
배출한 세대죠.

나 포함!

광란의 시대를 그린 대표적인 소설로 F. 스콧 피츠제럴드 《위대한 개츠비》가 있다.

F. Scott Fitzgerald
(1896~1940)

옛 연인을 되찾겠다는 일념으로 거부가 된 개츠비의 비참한 죽음을 그린 이 작품은

미국 정부는 총기 규제하라~

탕

아메리칸 드림 이면에 숨겨진 허무와 위선을 폭로한 명작으로 평가받는다.

영화로도 제작되어 인기를 끌었다.

1974년작

2013년작

피츠제럴드는 이 작품으로 대스타가 되었으나 낭비벽이 심해 재산을 거의 탕진하다시피 했다.

난 책 잘되면 착실하게 적금 들어야지

결국 알콜중독 속에서 심장마비로 사망한 그의 삶은 아이러니하게도 자신의 작품과 닮아 있었다.

지나친 음주는 건강에 해롭습니다.

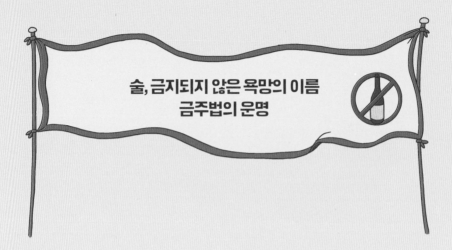

술, 금지되지 않은 욕망의 이름
금주법의 운명

미국의 1920년대는 '광란의 20년대'라고 불릴 정도로 사회 가치가 급변하는 시기였다. 그러나 청교도적 금욕주의를 중시하는 전통주의자들은 그것을 그냥 지켜보고 있지만은 않았다.

1920년 1월 시행된 '금주법'은 20년대의 광란에 맞서 기독교적 가치와 전통을 지키고자 한 미국인들이 거둔 최대 성과였다. 금주법은 이미 1800년대부터 기독교의 영향력이 강한 남부를 중심으로 시행되고 있었으나, 1920년대에는 아예 연방헌법으로 제정되어 미국 전역에서 술의 주조와 판매가 금지되었다. 이 내용을 골자로 한 수정헌법 18조는 1917년 발의되어 의회를 통과하고, 1919년 36개 주의 승인을 얻어 비준, 1920년 1월부터 효력이 발생했다.

하지만 금주는 현실적으로 실현되기 어려운 이상이었다. 사람들은 숨어서 몰래 술을 마셨다. 무허가 술집이 우후죽순으로 생겨나 금주법 이전보다 술집이 오히려 증가했으며, 경찰도 이를 딱히 단속하지 않았다. 과도한 음주로 인한 사망은 더 증가해 시카고의 경우 1927년 알코올 중독으로 인한 사망이 금주법 이전에 비

《위대한 개츠비》 속 개츠비는 주류 밀매로 거부가 된 사람이다. 이것은 당시 주류 밀매가 큰 돈을 버는 수단이었음을 보여준다.

경찰이 압수한 술을 하수구에 버리는 모습.

페인트에서 알코올을 추출해내리라.

그 머리로 공부를 해…

해 6배로 늘었다. 개인이 가정에서 술을 제조해 마시기도 했는데, 정확한 지식 없이 부동액, 페인트 등 독성이 강한 물질에서 알코올을 뽑아내 이를 마시고 사망하는 사람들이 적지 않았다.

주류 밀매는 주로 범죄 조직에 의해 이루어졌는데 이로 인해 금주법은 1920년대 범죄 조직의 급성장을 가져오기도 했다. 가장 악명 높은 갱단 우두머리는 시카고를 무대로 활동한 알 카포네 Al Capone(1899~1947)로, 부하가 천 명에 달했으며 주류 밀매로 그가 연간 벌어들이는 수입은 약 6천만 달러였다. 약 250명의 사람들이 카포네의 갱단에 의해 살해당했지만, 공직자들을 매수한 카포네는 단

한 번도 체포되지 않았다. 1931년 마침내 그가 체포되었을 때 그의 죄목은 탈세였다.

말도 많고 탈도 많았던 금주법은 결국 1933년 대공황기 수정헌법 21조에 의해 폐지되었다. 하지만 이후에도 몇몇 주는 주법에 따라 금주법을 유지했고, 1966년 미시시피 주의 금주법 철폐를 끝으로 미국 내 모든 주에서 금주법이 사라졌다.

1920년대 가장 악명 높았던 갱단 우두머리 알 카포네의 주 수입원 역시 주류 밀매였다.

PART 07

대공황, 호시절은 끝났다

대공황의 시작 : 하늘이 무너져도 자기계발서는 흥한다?

유럽에서 꽃 피고, 할리우드에서 만개하다, 할리우드는 어떻게 세계 영화의 중심이 되었나

뉴딜과 제2차 세계대전 : 대공황을 타개하라!

먼지 폭풍을 피해 떠나다, 사막의 먼지처럼 황폐했던 농민의 삶

대공황의 시작 : 하늘이 무너져도 자기계발서는 흥한다?

지인이 책을 한 권 선물해주셨다.

아유, 뭘 이런 걸 다….

2006년 미국에서 큰 인기를 얻은 《시크릿》으로, 긍정적 사고를 강조하는 자기계발서다.

영화도 있네!

자신이 생각하는 바에 상응하는 결과를 우주가 보내준다는 주장이 독특하다.

그래서 미국 서점에서 이 책은 뉴에이지 코너에 있다.

NEW AGE

인기가 있는 만큼 비판도 많았다. 비판의 대표주자는 저널리스트 바버라 에런라이크다.

Barbara Ehrenreich

그녀는 《긍정의 배신》에서 《시크릿》을 비롯한 여러 긍정주의 자기계발서를 비판했다.

AUTHOR OF NICKEL AND DIMED
BARBARA EHRENREICH
THE NEW YORK TIMES BESTSELLER
BRIGHT-SIDED
HOW POSITIVE THINKING
IS UNDERMINING AMERICA
PICADOR

《긍정의 배신》에 따르면 과도한 긍정주의 자기계발서는 위기에 대한 비판적 대응 능력을 마비시키고

피해!

나에겐 좋은 일만 일어난다.

실패를 전적으로 개인의 탓으로만 돌려 사회 정치적 문제를 교묘히 감추는 문제가 있다.

아, 나의 의지력이 부족해서 해고당했구나.

ㅋㅋㅋ

그냥 단물 빠져서 버린 건데

에런라이크는 그렇다고 부정적 사고가 대안은 아니며 긍정적 사고를 가지되

아씨, 더러운 세상.

찍-

니가 더럽히고 있어

상황을 정확히 볼 수 있는 판단력을 함께 가지는 것이 중요하다고 말한다.

남친에게 긍정적 관점을 갖는 것은 중요하지만 동시에 그가 어떤 사람인지 정확히 아는 것도 중요합니다.

잠깐, 책을 선물해주신 분께 내가 무례를 범하고 있는 것인가?

신경 써주신 것 잊지 않고 있습니다.

미국 문화를 소개하느라 그런 것이니 이해해주세요.

파닥 파닥

《시크릿》과 같은 자기계발서는 사실 역사가 깊다. 자기계발서는 1930년대부터 각광받기 시작했다.

대공황 시대 속으로!

'광란의 20년대'에 미국의 주가는 꾸준히 상승했다.

그 무렵 미국 내에서는 주식투자가 대유행이었다.

개똥이 엄마 대박났대.

옴마! 어디 주식이래?

당시 미국 최고의 경제학자 어빙 피셔는 이렇게 말했다.

주가는 끝없이 높은 고원 같은 곳에 도달했다.

1928년 대선의 공화당 후보 수락 연설에서 허버트 후버는 자신에 찬 목소리로 말했다.

미국은 빈곤에 대한 최종적 승리에 가까이 와 있습니다.

후버 진영의 대선 슬로건은 번영시대 분위기를 반영했고 그는 큰 표차로 대통령에 당선됐다.

모든 냄비에 닭고기를 모든 차고에 자동차를

챗

그렇게 들떠 있던 1929년 10월 24일 뉴욕 월스트리트 뉴욕주식거래소

WALL ST.

하나둘 들어오던 매도 주문이

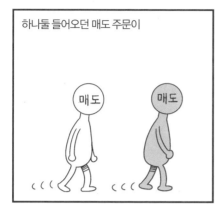

갑자기 비정상적으로 급증하면서 주가가 크게 폭락했다.

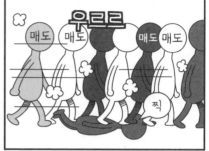

이때가 오히려 매수의 적기라며 여전히 긍정적인 사람들이 있었다.

그래도 쌀 때 사둬야….

그러나 폭락은 계속됐고 10월 29일 '검은 화요일' 주식시장은 카운터 펀치를 맞았다.

정신차려!

끝까지 수식을 팔지 않은 어빙 피셔는 거의 전 재산을 잃었다.

힝~ 명예도 잃었어.

대공황은 이렇게 시작되었다.

GREAT DEPRESSION

주식시장 붕괴는 은행의 파산으로 이어졌고

실업률이 비정상적으로 치솟아 1933년에는 25%에 달했다.

올해는 꼭 노량진 벗어난다!

경제 위기라 공무원 공채도 없대!

거짓말!

무료 급식소 앞은 늘 사람들로 붐볐다.

이 와중에 후버 대통령은 대책없는 낙관주의로 일관했고

미국 경제의 기초는 튼튼합니다.

지금 필요한 것은 웃음입니다.

위기를 외면하는 대통령에게 국민의 원성이 쏟아졌다.

너나 실컷 웃어!

하하하 하흐흐흑 엉엉

1932년 대선 때 히치하이커들은 이런 팻말을 들고 다녔다.

나를 태워주지 않으면 이번 선거에서 후버를 찍겠다.

얼른 타쇼!

사람들은 고달픈 현실을 잊고 즐거운 상상을 하길 원했다.

불황기엔 도피주의가 유행한다고들 하죠.

라디오 코미디 프로그램이 인기였고

고객님 당황하셨어요?

ㅋㅋㅋ

저렴한 오락거리였던 영화관도 사람들로 붐볐다.

〈바람과 함께 사라지다〉(1939)

영화 역시 〈어느 날 밤에 생긴 일〉과 같은 코미디물이 인기를 끌었다.

근데 포스터는 호러물?

월트 디즈니사에서 나온 조그만 생쥐도 많은 사람들을 즐겁게 해주었다.

1930년대 영화와 애니메이션은 유튜브에 꽤 많이 올라와 있으니 찾아보시길!

옛날 미키마우스!

서점가에서는 긍정주의를 설파하는 자기계발서가 많은 사랑을 받았다.

그중 최고의 베스트셀러인 데일 카네기의 《친구를 얻고 사람을 움직이는 방법》은

성공을 위한 여러 실용적 조언들을 담았다.

상대의 체면을 세워줘라.

작은 일이라도 칭찬해라.

수많은 자기계발서의 원조격인 카네기의 저서들은 지금도 많은 사랑을 받고 있다.

Dale Carnegie
(1888–1955)

한발 더 나아가 거의 주술적인 성공 법칙을 다룬 책도 있었다. 나폴레온 힐의 《생각하라, 그러면 부자가 된다》는

Napoleon Hill
(1883–1970)

원하는 액수를 글로 적은 뒤 큰소리로 매일 2회 읽을 것을 권장했다.

백만 원!

백만 원!

돈 벌기 쉽네

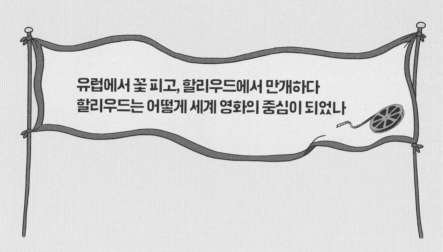

유럽에서 꽃 피고, 할리우드에서 만개하다
할리우드는 어떻게 세계 영화의 중심이 되었나

1920년대 미국 서부 캘리포니아의 할리 우드는 미국뿐만 아니라 세계 영화의 중 심지였다. 미국의 영화는 유럽보다 다소 늦게 시작되었으나 빠르게 대중 속으로 파고들었고, 제1차 세계대전으로 유럽의 문화 성장이 주춤하는 사이 급속히 성장 해 1920년대 미국과 유럽의 영화 시장을 장악했다.

영화는 유럽에서 최초로 탄생해 일반 대 중에게 상영됐다. 1895년 프랑스의 뤼미 에르 형제는 시네마토그라프Cinematograph 라고 불리는 촬영기를 발명해 영상물을 일반에 공개했다. 별다른 서사 구조 없이 노동자들이 퇴근하는 모습, 열차가 들어 오는 모습 등을 담은 뤼미에르 형제의 영 상은 폭발적인 인기를 얻었고, 유럽 각지 에서 상영되었다.
미국에서는 1896년 토마스 에디슨이 영 상기인 바이타스코프Vitascope를 개발해

공개한 뒤 영화는 대중문화로 자리 잡았 다. 초기에 영화는 놀이공원, 시장, 오페 라하우스 등 다양한 공간에서 상영되었 는데, 관객의 저변이 넓어지면서 영화 전 용 극장이 등장했다. 니켈로 만들어진 5 센트 동전 한 닢이 입장료였던 이 극장은 '니켈로디언nickelodeon'이라는 이름으로 불렸다. 니켈로디언은 1910년 미국 전역 에 만 개가 넘었을 정도로 급속히 성장했다.

길어야 15분을 넘지 않고 별 다른 서사 구조도 없었던 초 기의 영화는 1914년 데이비 드 W. 그리피스 감독의 〈국가 의 탄생The Birth of a Nation〉을 계 기로 일대 전환기를 맞았다. 〈국가의 탄생〉은 무려 159분 에 달하는 영화로, 오늘날 영 화와 비슷한 구조와 촬영기

법을 갖춘 최초의 영화였다. 이 영화는 대중의 큰 호응을 얻었고 1,500석 이상의 좌석과 에어컨을 갖춘 대형 극장이 등장하는 계기를 마련했다. 하지만 〈국가의 탄생〉은 북부에서 파견된 혼혈인 주지사에 의해 납치된 가족과 애인을 구하기 위해 남부 백인인 주인공이 흑인 군대와 싸운다는 인종차별적인 내용을 담고 있다는 점이 한계로 지적되고 있다.

〈국가의 탄생〉이 등장한 1910년대 초는 영화의 중심이 기존의 뉴욕과 시카고에서 서부 캘리포니아 로스앤젤레스의 할리우드로 이동한 시기이기도 했다. 온화하고 청명한 캘리포니아는 영화 제작자들에게는 천혜의 조명 장치를 갖춘 곳이었기 때문에 많은 영화 제작사들이 비용을 절감할 수 있는 곳이었다.

또한 서부는 에디슨이 동부에 설립한 영화특허권회사MPPC의 간섭에서 자유로울 수 있었다. 영화특허권회사는 당시 영화촬영 기기에 로열티를 요구했고, 회사의 허락 없이 영화를 촬영하는 것을 금하는 등 영화 관계자들에겐 상당한 골칫덩어리였다. 유니버설 스튜디오, 파라마운트, 폭스 등 오늘날 미국 영화계를 좌지우지하는 대형 영화사들이 이 시기 에디슨의 간섭을 피해 할리우드에 설립되었다.

이후 제1차 세계대전이 일어나면서 할리우드는 미국뿐만 아니라 전 세계 영화계의 중심으로 발돋움했다. 유럽이 전쟁으로 혼란스러운 시기, 미국은 착실하게 문화산업을 성장시켜 나갔고 영화는 대표적인 수출 품목이 되었다. 미국뿐만 아니라 많은 유럽의 관객들이 메리 픽포드나 더글러스 페어뱅크스와 같은 미국 배우들에게 열광했다. 당시 독일의 히틀러도 할리우드 영화를 좋아해서 하루에 서너 편을 연달아서 보기도 했다고 한다. 1920년대에 이르러 미국 영화는 전 세계 영화의 5분의 4를 차지했다. 이 때문에 유럽 각국에서는 자국 영화 보호를 위해 수입쿼터제를 실시하기도 했지만, 이미 미국 영화에 쏠린 대중의 관심을 되돌리기엔 역부족이었다.

에디슨이 여기까진 못 쫓아오겠지?

HOLLYWOOD

뉴딜과 제2차 세계대전 : 대공황을 타개하라!

1932년 대통령 선거에서는 프랭클린 D. 루스벨트가 당선됐다.

척수성 소아마비로 인해 하반신 불수였던 그의 당선은 그 자체로 희망의 메시지였다.

루스벨트는 이미지의 힘을 잘 알고 있었다. 그가 휠체어에 탄 모습은 언론에서 좀체 볼 수 없었고

> 우리 대통령이 하반신 불수라며?

> 진짜? 몰랐네.

담배, 해군 망토, 모자를 트레이드 마크처럼 활용해 친근한 인상을 주었다.

또한 〈노변담화(The Fireside Chats)〉라 명명한 라디오 프로그램을 통해서

> My fellow Americans,

국가 정책에 관한 메시지를 국민들에게 효과적으로 전달했다.

> 살림살이는 좀 나아지셨습니까?

대공황을 타계하기 위해 그가 내세운 정책은 '뉴딜(New Deal)'이었다.

구제, 회생, 개혁을 위한 정책입니다.

뉴딜은 기존의 자유방임주의 정책을 전면 수정한 정책이었다. 이제 국가는 기업과 은행의 활동에 개입하게 되었다.

술, 고기 끊어!

기업   은행

젊은이들에게 공공사업 일자리가 주어졌고

정부가 직접 빈민구제에 나섰으며

노동조합이 법적 보호를 받았다.

와그너 법

뉴딜은 흑인을 배제하지 않았기 때문에 많은 흑인들이 공화당에서 민주당으로 돌아선 계기가 되었다.

옵빠!

뉴딜은 사회복지의 기반을 마련하고 노동자들의 입지를 향상시켰다는 점에서 높게 평가된다.

NEW DEAL

그러나 뉴딜에 대한 비판도 적지 않았다.

뉴딜은 얼어죽을!

NEW DEAL

당시 반대파들은 뉴딜이 국민의 삶에 지나치게 간섭하는 독재적 정책이라고 비난했다.

개인의 선택과 자립을 중시하는 미국적 삶의 실종이다!

오늘날 뉴딜에 비판적인 학자들은 뉴딜을 위한 세금 인상이 경기 침체를 장기화시켰다고 주장한다.

세금 더 내라!

공장 지을 돈인데….

실제 뉴딜은 침체된 경기를 살리기에는 역부족이었다.

종아리 걷엇!

성적표

그럼에도 불구하고 뉴딜은 사회복지의 기반을 다졌다는 점에서 대체로 긍정적인 평가를 받으며

뉴딜이가 학교에서 모든 일에 참 솔선수범해요.

아이고 네네 선생님

집권 기간 내내 루스벨트는 국민의 전폭적인 지지를 받았다.

I ♥ FDR

루스벨트가 취임한 시기, 유럽과 아시아에는 군국주의의 먹구름이 드리우고 있었다.

독일에서는 히틀러, 이탈리아에서는 무솔리니가 군사독재 체제를 구축했고

일본은 만주를 점령하고 중국 침략에 나섰다.

독일, 이탈리아, 일본은 동맹을 맺어 또 한번의 세계대전을 준비했다.

1939년 9월 1일 독일이 폴란드를 침공하면서

제2차 세계대전이 시작되었다.

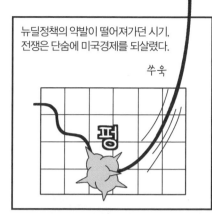

뉴딜정책의 약발이 떨어져가던 시기, 전쟁은 단숨에 미국경제를 되살렸다.

쑤욱

펑

제1차 세계대전 때와 같이 미국은 중립을 선언하고 군수물자 판매에만 주력했다.

또 오세요~

이 장면 아까 나왔던 것 같은데…

MADE IN USA

미국 내의 여론도 참전보다는 반전 쪽이 우세했다.

아, 이번엔 진짜 좀 가만히 있자!

그러던 중 '대동아공영권'을 내세운 일본이 아시아의 미국령을 침략하기 시작하더니

급기야 1941년 12월 7일 하와이 진주만을 기습 공격했다.

더 이상 가만히 앉아 있을 수 없었던 미국은 참전을 선언했다.

잠자는 사자의 코털을 건드려?

참전!

전장에 나간 남성을 대신해 여성들이 대거 공장으로 향했다.

전통적인 남성의 영역에 진출한 경험은 여성의 의식을 고양시켜 훗날 여성 운동의 정신적 토양에 기여했다.

뭐, 기계도 다룰 만하네!

전쟁은 흑인들의 삶에도 큰 영향을 주었다. 많은 흑인들이 공장에 취업했다.

흑인 여성들도 많이 취업했어요.

특히 징집된 흑인의 경우, 다른 민족의 해방을 위해 싸우는 경험은 자기 자신의 억압을 문제 삼게 했다.

연합군 만세!

사실 나야말로 해방되어야 할 사람이 아닐까?

많은 흑인들이 차별의 현실에 대해 공개적으로 불만을 토로했고

흑백분리 철폐하라!

이에 흑백이 분리되어 운영되던 군대 훈련소가 부분적으로 통합되는 등 작지만 의미 있는 변화들이 생겼다.

좀 뻘쭘하네…

미국이 참전할 시기 추축국은 파죽지세로 연합군을 밀어부쳤으나

점차 연합군이 승기를 잡았다.

일본은 미드웨이 해전을 비롯한 큰 전투에서 미국에 참패했다.

이탈리아는 이미 패색이 짙었고 독일도 소련 침공이 실패로 끝나면서 삐걱대기 시작했다.

소련 완전 춥다…

1945년 4월 30일 히틀러가 자살하면서 유럽에서의 전쟁은 일단락되었다.

이제 일본만이 혼자 남아 싸움을 이어가고 있었다.

1945년 4월 12일 무려 4선에 성공했던 루스벨트가 뇌출혈로 세상을 떠났다.

선배가 세운 '2선까지만' 전통을 깨?

← 조지 워싱턴

이제 남은 일은 부통령이었던 해리 S. 트루먼의 손에 넘겨졌다.

웬 날벼락이냐!

트루먼은 취임하자마자 그간 극비리에 진행중이던 실험에 대한 보고를 받았다.

와~ 너무한다. 뭐길래 나한테도 숨긴 거야?

폭탄? 그래봐야…

바로 원자탄 실험이다.

엄마

실험이 성공하자 트루먼은 원자탄의 일본 투하를 지시했고

투…투… 투하해.

덜덜덜

히로시마, 나가사키에 떨어진 원자폭탄은 20만 명의 목숨을 앗아갔다.

8월 14일 일본이 항복하면서

5천 3백만 명 이상이 사망한 제2차 세계대전이 드디어 막을 내렸다.

우리나라는 광복을 맞이했죠.

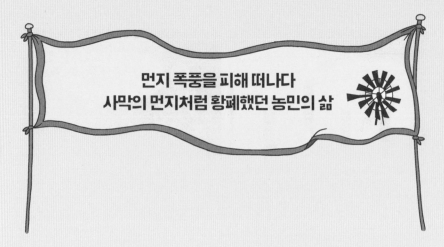

먼지 폭풍을 피해 떠나다
사막의 먼지처럼 황폐했던 농민의 삶

대공황기는 도시 노동자뿐만 아니라 대평원Great Plains에 거주하는 농민들에게도 악몽 같은 시기였다. 미국 중서부를 가로지르는 대평원은 몬태나, 와이오밍, 콜로라도, 노스다코타, 사우스다코타, 네브래스카, 캔자스, 오클라호마, 텍사스를 포함하는 거대한 분지로 농업, 목축업이 우세한 지역이다. 1930년대 이 지역에는 미국 역사상 가장 혹독한 가뭄이 들이닥쳤고 많은 주민들이 살 길을 찾아 타지로 떠나야만 했다.

1931년부터 거의 10년간 계속된 대평원 가뭄은 토양을 사막화시켰고 이로 인해 발생한 황진 폭풍은 대평원을 '황진지대Dust Bowl'라는 이름으로 불리게 했다. 황진지대의 폭풍은 한 번에 3억 톤의 흙을 대서양까지 운반할 정도로 엄청난 규모였다. 황진이 뒤덮은 지역은 대낮에도 저녁처럼 어두웠고 황진 흡입으로 가축이 폐사하고 사람이 사망하는 일도 잦았다. 또한 다량의 흙을 동반한 폭풍의 힘은 가옥을 무너뜨릴 정도로 강력해 한 번의 폭풍으로 350채의 가옥이 못쓰게 돼버리기도 했다. 공황기 동안 황진폭풍으로 집을 잃은 사람들은 50만 명에 달했다.

흉작으로 인해 은행에서 빌린 농자금을 갚지 못한 대평원 농민들은 어쩔 수 없이 농지를 빼앗기고 살 길을 찾아 캘리포니아로 이주했다. 1930년대 황진폭풍으로 인한 대평원의 이주민 규모는 350만

어휴, 오키들
또 오네.

대낮인데
어두워!

California

Los
Angeles

The
Great
Plains

Washington
D.C.

New York City

명에 달하며, 이것은 미국 역사에서 가장 짧은 시간에 일어난 가장 큰 규모의 이주로 기록되고 있다. 주로 오클라호마 출신이었던 이주민들은 흔히 '오키Okie'라고 불렸다.

존 스타인벡의 《분노의 포도The Grapes of Wrath》는 바로 이러한 이주 농민들의 험난한 여정을 그려낸 소설이다. 고난에 처한 농민들을 착취하는 지주와 은행가들을 강력한 어조로 비난한 이 소설은 발간 즉시 50만 부가 팔리고 세계 각국의 언어로 번역되는 대성공을 거두었으나, 공

산주의적이라는 이유로 여러 주에서 금서로 지정되었다.

정부는 황진 폭풍 발생을 막기 위해 2억 그루의 나무를 심고 토양 황폐화를 막는 새로운 경작법의 개발과 보급에 힘쓰는 등 여러 노력을 기울였다. 그러나 황진 폭풍이 막을 내린 것은 1941년, 마침내 긴 가뭄이 끝나고 대평원 지대에 비가 내리면서부터였다. 우연히도 같은 시기에 미국은 제2차 세계대전에 참전했고, 긴 가뭄과 같았던 대공황도 끝이 났다.

PART 08

냉전의 긴장 vs 풍요의 열매

냉전의 기원 : 미국과 소련은 어쩌다 앙숙이 되었을까?

폭발하는 소비 : 집을 사자! 교외로 나가자!

고독한 군중, 이유없는 반항

비밀을 담보 삼은 권력의 두 얼굴, FBI 종신국장 J. 에드가 후버

냉전의 기원 : 미국과 소련은 어쩌다 앙숙이 되었을까?

나의 초딩 시절에는 반공교육이 있었다.

우리들은 일학년~

교과서를 통해 북한 어린이는 '반동' 부모를 신고한다고 배웠고

부모의 대화를 엿듣는 아이의 삽화가 있었음.

반공 미술대회, 웅변대회도 자주 있었다.

때 려 잡 자
공 산 당

간첩 식별법도 배웠는데 그중 하나가 '구두에 흙 묻은 사람'이었다.

산을 타고 휴전선을 넘어오느라 구두가 더러운 거지.

지금 생각해도 웃기다.

흙은 어디서나 묻을 수 있잖아!

그보다 닦으면 그만 아닌가?

반공교육은 이제 학교에서 사라졌지만

오락실에 취직할까?

반공 이데올로기는 우리 사회에 여전히 깊게 뿌리내리고 있다.

뉴스 댓글: 이게 다 빨갱이들 탓이 어쩌고 저쩌고 어쩌고 저쩌고

태양 흑점이 폭발했다는 뉴슨데?

그런데 사실 냉전의 주체는 미국이 아니었던 가! 그런 미국에 왔는데

내 또래 미국 친구들은 반공은커녕 공산주의 가 뭔지도 잘 알지 못했다.

보수파 라디오 토크쇼에서 종종 민주당 정치 인을 공산주의자라고 비난하는 소리를 들을 수 있었지만

미국에선 이미 오래 전에 테러리스트에 대한 공포가 공산주의자에 대한 공포를 대체한 듯 했다.

어느 날 미국 역사 수업에서 한국의 반공 교육 에 대해 발언한 일이 있었다.

역시나 다들 공감하지 못했는데

환갑이 넘으신 교수님이 공감해주셨다.

어? 나 어릴 때도 그랬는데!

세대와 국경을 뛰어넘는 공감대가 형성되기 시작했다.

요새 애들은 전혀 이해 못할 거야.

아유 쟤들이 뭘 알겠어요.

여담을 하자면 이 교수님은 수업 중에

…이렇게 베트남전이 시작된 거죠.

'코리아'란 말이 나올 때마다 나와 눈을 마주 쳤다. 관심의 표현이라 느껴져 기분이 좋았는데…

당시 코리아의 상황은…

씨익

하지만 이러면 낭패.

…코리아… …코리아… 베트남 잠깐 계속 코리아…

z-z

티읍

자, 그럼 냉전의 시대로 가봅시다.

잠꼬대까지!

음냐

냉전은 어떻게 시작되었을까?

눈싸움
아니야!

제2차 세계대전 중 연합국의 주축은 소련, 미국, 영국이었다.

미국은 공산주의에 대한 오랜 반감을 갖고 있었지만

나는 공산당이
싫어요!

같은 편에서 싸운 만큼 미국인들의 소련에 대한 인상은 우호적인 편이었다.

스탈린을 긍정적으로 묘사한 미국영화
〈Mission to Moscow〉(1943)

잦은 만남을 통해 루스벨트와 스탈린 사이에는 어느 정도 신뢰관계가 형성되었고

루스벨트는 라디오로 국민들에게 이런 메시지를 전하기도 했다.

스탈린은 굳은 의지와
호탕한 유머감각을 갖고
있습니다. 저는 우리가 그와,
러시아인들과 좋은 관계를
유지할 것이라고 봅니다.

문제는 루스벨트의 능수능란한 외교술에 의존했던 소련과의 우호적 관계가

루스벨트의 사망으로 끝날 수밖에 없었다는 점이다.

Lonely, I'm Mr. Lonely
I have nobody
for my own~

루스벨트의 후임자 트루먼은 소련을 전혀 신뢰하지 않았던 인물이었다.

트루먼은 전후 유럽에서의 주도권을 놓고 스탈린과 사사건건 충돌했다.

이 과정에서 스탈린이 과격한 방식으로 동유럽에 공산정부를 세우면서

미국과 소련은 제3차 세계대전을 염두에 둘 정도로 긴장관계에 놓였다.

냉전의 원인은 많은 학자들이 오랫동안 논의해온 주제다.

니 탓이지 뭐.

사돈 남말이라고 들어봤냐?

트루먼 정부의 강경외교와 미국의 상품시장 확대 욕구가 문제였다고 보는 학자들도 있고

소련 측의 공산국가 확대 욕구

그리고 그 과정에서 보여준 잔혹함이 문제였다고 보는 학자들도 있다.

문화와 이념이 다른 두 초강대국의 충돌은 불가피했다고 보기도 하는데

많은 학자들은 미국이 사랑하고 소련이 신뢰한 루스벨트가 있었다면 다른 길을 걸었을 수도 있었다고 본다.

그렇게 생각해주면 고맙고….

냉전이 심화되면서 미국사회에는 반공 열풍이 불었다.

때려잡자 공산당

하원에 반미활동위원회(HUAC)가 설치되어 조사가 진행되었고

연방공무원 대상 사상 검증이 이루어지면서 2천 명 이상이 해고되었다.

머릿속 시뻘건 거 봐라!

FBI도 에드가 후버 국장의 지휘 아래 의심 인물들을 조사했다.

에드가 후버의 일생을 다룬 영화 〈제이 에드가〉 중에서

FBI는 원자탄 기밀을 넘겨준 혐의로 로젠버그 부부를 체포했는데

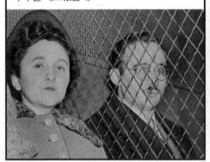

1953년 6월 19일 이 부부에 대한 사형이 집행되었다.

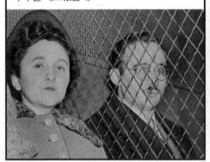

공화당 의원 조지프 레이먼드 매카시는 공산당에 관련된 국무부 직원들의 명단을 갖고 있다고 발언했다.

이 손 안에 있습니다!

1950년 2월 의원 연설

이 주장은 근거가 없었음에도 불구하고 매카시를 일약 대스타로 만들어주었다.

어차피 검증은 나중이거든요.

그해 6월 25일 한국전쟁의 발발로 매카시의 지지율은 더욱 높아졌고

이에 힘입어 그는 자신에게 반대하는 사람들을 모두 간첩으로 몰았다.

전에 빌려간 돈 언제 주…

너 간첩!

이 광풍에는 '매카시즘'이라는 이름이 붙여졌다.

McCarthyism

극작가 아서 밀러는 당시 사회 분위기를 세일럼의 마녀사냥에 빗댄《크루서블》을 썼다.

세상이 어찌 되려고!

마녀사냥 얘기는 독립 이전 아메리카에서 했죠?

폭발하는 소비 : 집을 사자! 교외로 나가자!

공산주의에 대한 공포는 핵무기에 대한 공포이기도 했다.

요즘 사람들은 다소 무덤덤해진 편이지만

북한이 핵무기 개발을 강행하면서 한반도에 긴장이….

하암~

1950년대에 핵 공격은 피부로 와 닿는 공포였다.

핵!

뿡

학교에서 학생들은 핵 공격에 대비한 행동 수칙들을 배웠고

앗싸 수업 안 한다!

핵 공격을 소재로 한 만화, 영화, 소설이 인기를 얻었다.

핵폭탄 러브

핵전쟁

공산주의 확산 및 핵 공격에 대한 불안과 공포가 깊어지면서

예전보다 더 많은 사람들이 교회를 찾았다.

교회만이 살 길!

1950년대는 그동안 식은 듯했던 종교적 열정이 부활한 시기였다.

교회 신자 수가 꾸준히 증가해 1960년 전 국민의 65%에 달했고

1945년부터 1960년 사이에 새로운 교회 건설에 들어간 비용은 4,000%나 증가했다.

드와이트 D. 아이젠하워는 1953년 대통령 취임식에서 자신이 직접 쓴 기도문을 읽었으며

미국 정부는 깊은 신앙심의 기반 없이는 의미가 없다고 공언하기도 했다.

달러 화폐에 'In God We Trust'가 새겨진 것도 이 시기였다.

1949년 LA의 한 서커스 텐트에서 열린 부흥회에는 8주간 35만 명이 참여했다.

이 부흥회를 이끈 30세의 침례교 목사 빌리 그레이엄은 큰 주목을 받았다.

난 저 나이 때 뭐했더라…

타고난 설교 능력에 잘생긴 외모까지 갖춘 그는 미국을 대표하는 목사로 부상했고

1973년에는 한국에도 갔죠.

아이젠하워, 닉슨 등 여러 대통령들의 영적 조언자 역할을 했다.

아유 목사님이 다 와주시고….

'생존하는 가장 존경하는 인물' 조사에서 1955년 이래 10위권 이내에 가장 많이 오른 사람이 그레이엄 목사다.

1. 빌리 그레이엄		55회
2. 로널드 레이건		31회
3. 교황 요한 바오로 2세		27회
4. 지미 카터		27회
5. 드와이트 아이젠하워		21회

Gallup Poll, 2011년 기준

2011년 현재 95세인 그는 고향 노스캐롤라이나에 머물면서 종종 미디어에 모습을 나타내곤 한다.

정정하시네

CNN

유학생활 중 늘 나와 함께했던 친구는 라디오였다.

지인이 준 TV가 있었지만 수신료를 내지 않아 볼 채널이 없었다.

그래도 1개는 잡히더라구요.

실내 인테리어 채널….

진행자 혼자 주구장창 이야기만 하는 토크쇼를 주로 들었는데

한국 라디오 방송에선 드문 형식이죠.

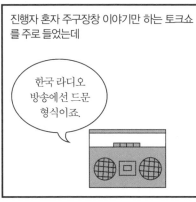

진행자의 말에 대답을 하기도 했다.

굿모닝! 날씨가 좋네요.

그렇네요. 한국은 이맘때쯤 더운데. 작년에는….

외로워서

즐겨 들었던 것은 정치 토크쇼 〈The Savage Nation〉이었다.

진행자 마이클 세비지
(Michael Savage, 1942년생)

사회 현안을 주제로 한 세비지의 논평과 청취자 의견이 주가 되는 방송이었다.

다 마음에 안 들어!

미국은 썩었어!

그의 정치적 논지에 공감해서라기보단 늘 투덜대는 말투가 재미있어서 챙겨들었다.

세비지, 당신은 좀 긍정적일 필요가 있어요.

나한테 그런 소리하지 마쇼!

푸하하하

세비지는 종종 옛날이 그립다는 얘기를 꺼내곤 하는데

아, 나 어릴 땐 이러지 않았는데.

그가 이야기하는 미국의 좋았던 시절은 1950년대다.

1950년대엔 순수와 낭만이 있었지.

에이, 그때 어른들도 옛날이 좋았다고 할걸요?

냉전에도 불구하고 1950년대는 즐거운 일들이 많았다. 이제 밝은 이야기를 해보자.

Always look on the bright side of life~

냉전이 한창이던 1950년대였지만

공산당!

빡

그것이 전부는 아니었다. 전후 미국에는 전무 후무한 풍요가 찾아왔다.

GNP가 2배 이상 증가했고

1945년부터 1960년 사이 250% 증가

60%에 달하는 인구가 중산 층의 지위를 누렸다.

60%

연수입 3천~1만 달러

베이비붐으로 인해 인구도 크게 증가했다.

베이비붐 세대의 등장!

군인들은 이러한 변화의 주인공이었다. 제대 군인원호법(The G. I. Bill)으로 퇴역 군인들이 대학 학비를 지원받았고

나도 대학생!

DUKE

주택 구입 시에는 정부가 보조금과 대출 지원 을 해주었다.

퇴역 군인이시군요. 대출해드리겠습니다.

BANK

주머니가 든든해진 미국인들은 소비에 열을 올렸고

빨리 좀 와!

폭증하는 상품 수요에 맞춰 대형 쇼핑몰이 등장했다.

HOON MART

1950년 말 미국 가정의 75%가 자동차를 소유했고

87%가 TV를

75%는 세탁기를 소유했다.

콰콰콰콰

탈수 시 폭발할 듯한 굉음을 내는 나의 세탁기가 모델

1959년에 등장한 바비인형은 미국 문화의 아이콘이 되었다.

요새 바비랑은 좀 다르네

가장 크게 미국인의 삶을 변화시킨 소비는 바로 주택 구매였다.

SOLD

HOME FOR SALE

1950년대에는 주택 건설의 붐이 일었다.

중요한 것은 대부분이 도시가 아닌 교외지역에 세워졌다는 것이다.

suburbia(교외주택지)

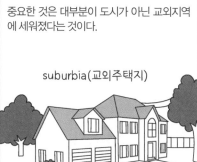

수많은 사람들이 도시를 떠나 쾌적한 교외지역에 터전을 잡았다.

이는 자동차로 장거리 이동이 수월해진 덕분이었다.

집은 공기 좋은 데 있어야지!

활발한 고속도로 건설은 이 흐름에 박차를 가했다. 고속도로는 미국인의 삶의 일부가 된 것이다.

미국은 고속도로가 그냥 일상.

나도 학교, 쇼핑몰, 미용실, 어딜 가든 고속도로를 탔음.

일정 넓이의 잔디밭, 일정 간격으로 늘어선 비슷한 외관의 교외 집들은 미국 중산층의 전형적 풍경을 만들어냈다.

고독한 군중, 이유 없는 반항

교외지역은 표준화된 미국인의 삶을 상징하는 것이기도 했다. 미국인들은 급속히 몰개성화되어 갔다.

관료제에 순응하는 미국인을 그린 소설 《회색 플란넬 양복의 남자》가 많은 독자들의 공감을 얻었고

내 얘기야!

영화로도 만들어져 큰 성공을 거두었다.

획일주의가 만연한 현실을 분석한 데이비드 리스먼의 《고독한 군중》도 베스트셀러였다.

The Lonely Crowd

《고독한 군중》은 몰개성을 강요하는 사회가 인간의 가능성을 축소시키고 있음을 경고하고 있었다.

이 비유는 너무 앞서나간 것 같은데?

이 책은 나의 고등학교 시절 학교 지정 필독서였는데 지금 생각해도 아이러니합니다.

두발 자유 없음

자퇴하란 얘긴가.

교복

획일적 주입식 교육

한편, 이러한 표준화와 물질숭배를 거부하고 보헤미안적 삶을 추구하는 젊은 작가들이 등장했는데

싫어!

표준화

물질주의

이들을 '비트 세대(Beat Generation)'라고 부른다.

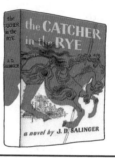

《길 위에서》의 작가
잭 케루악 Jack Kerouac

허름한 옷을 입고 마약과 성에 탐닉한 비트 세대는 60년대 히피문화 태동에 큰 영향을 주었다.

잭 케루악 선배님!

좀 씻고 다녀…

1951년에는 J. D. 샐린저가 《호밀밭의 파수꾼》을 출간했다.

the CATCHER in the RYE

J. D. SALINGER

a novel by J. D. SALINGER

허위와 위신의 세상에서 방황하는 10대 문제아의 이야기를 그린 이 책은 엄청난 인기를 얻었고

내 얘기야!

요새 유행어인가…

주인공 홀든은 오늘날 문학과 영화 속 '고독한 반항아'의 원형이 되었다.

인간은 어디로 가는가…

홀든에 매료되어 허세에 빠졌던 대학교 1학년 때의 나

군대나 가!

이때 고독한 반항아 이미지에 딱 들어맞는 영화배우가 등장했으니 바로 제임스 딘이다.

James Dean
(1931–1955)

딘은 〈에덴의 동쪽〉으로 대중에게 이름을 알렸는데

1955년 그가 자동차 사고로 사망하자 미국인들은 큰 충격을 받았다.

지미이이이이이이이!

사망 직후 개봉한 〈이유 없는 반항〉은 그를 거의 신화 속 인물로 만들어놓았다.

사망한 딘 앞으로 수십만 통의 팬레터가 쏟아졌고, 10대들이 영화 속에 나오는 자동차 경주를 흉내내다 사망하기도 했다.

〈이유 없는 반항〉에 나오는 딘의 대사를 줄줄 읊고 다녔던 트럭운전사 청년이 있었는데

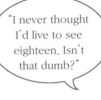

"I never thought I'd live to see eighteen. Isn't that dumb?"

바로 로큰롤의 제왕 엘비스 프레슬리다.

비 내리는
호남선~
남행 열차에~

레코드사 사장에게 발탁된 그는 순식간에 수퍼스타가 되었다.

빌보드 싱글차트(1956)

Heartbreak Hotel	1위
Don't be Cruel	1위
Love Me Tender	1위
Hound Dog	1위
이 밑에도 계속	1위

하체를 흔들며 신음소리 같은 목소리를 내는 엘비스의 모습은

무조건
무조건이야~

당시 대중들에게 큰 충격이었다.

눈 감아!

옵빠!

그때문에 한 TV쇼는 노래하는 그의 상체만 보여주기도 했다.

왠지
아래가
허전해.

많은 음악인들에게 영감을 주었던 그는

엘비스 이전에는
아무것도 없었다.

존 레논
John Lennon
(1940-1980)

이혼 후 마약에 탐닉하다가 1977년 심장병으로 사망했다.

ELVIS
AARON
PRESLEY

여전히 많은 올드팬들이 그가 잠든 자택을 찾아 추모하고 있다.

풍요로운 1950년대였지만 그 혜택에서 제외된 사람들도 있었다.

1960년 미국인의 5분의 1은 빈곤선 아래에서 살았다.

이들 대부분은 유색인들이었다.

백인은 교외로 이주하고 가난한 흑인은 도시에 남으면서 도시에 흑인 빈민 거주지가 생겨났다.

인종차별이 만연하고 있음을 보여주는 상황이었지만

그럼에도 불구하고 인종문제와 관련한 큰 진전이 있었다.

1951년 캔자스 주 토피카에 살았던 흑인 소녀 린다 브라운은

에이, 비 씨, 디~

집에서 가까운 초등학교를 놔두고

매일 멀리 떨어진 학교에 가야 했다.

집 근처의 학교는 백인학교였기 때문이다.

우린 흑인 안 받아!

브라운의 아버지는 법정 투쟁에 나섰고

너 고소!

전미유색인지위향상협회(NAACP)가 브라운 측을 지원했다.

판사님, 분리는 그 자체로 차별입니다.

이 소송은 연방대법원에 이르러 브라운 측의 승리로 끝났다.

짝

하이파이브!

이 판결은 오랜 흑백분리 시스템을 뒤흔든 엄청난 사건이었다.

두두두두두두

흑백분리

브라운

그러나 판결의 집행은 또 다른 문제였다. 대부분의 백인 학교들은 분리된 채 있었다.

아칸소 주 리틀록의 센트럴 고등학교도 그중 하나였는데

1957년 이 학교에 흑인 학생 17명이 입학원서를 내면서 학교가 발칵 뒤집혔다.

올 것이 왔구나!

흑인 학생들이 학교에 들어서자 백인 학생과 학부모들이 침을 뱉고 돌을 던졌다.

나는 돌을 던질 터이니 너는 침을 뱉도록 해라.

네, 어머니.

캬악

주지사 오벌 포버스는 주방위군을 출동시켜 흑인 학생들을 저지했다.

출동!

이 활약(?)으로 포버스는 이후 6선에 성공했다.

결국 아이젠하워 대통령이 군대를 파견해 흑인 학생들의 등교길을 열었다.

이렇듯 브라운 판결 이후 미국사회는 요동치기 시작했다.

1960년대의 전주곡이었죠.

다음 장으로!

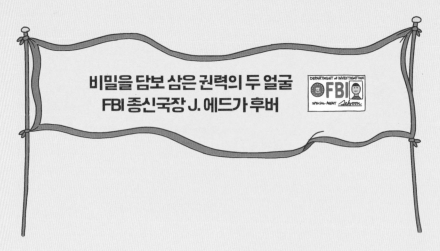

비밀을 담보 삼은 권력의 두 얼굴
FBI 종신국장 J. 에드가 후버

DEPARTMENT of INVESTIGATION
FBI
SPECIAL AGENT Jehoon

미연방수사국FBI의 초대 국장 J. 에드가 후버John Edgar Hoover는 냉전시대 미국 내 공산주의자 색출 작업의 중심 인물이었다. FBI의 전신인 수사국에서 일하다 1924년 29세의 나이로 FBI로 개칭된 미연방수사국의 초대 국장에 취임한 후버는 1972년 사망할 때까지 무려 48년 동안 정년 없는 종신국장을 지냈다. 그는 FBI를 통솔하며 위험분자 색출을 명목으로 정치인뿐만 아니라 언론인, 작가, 영화배우 등 다양한 분야의 사람들에 대한 미행, 감시, 도청 등을 지시했다. 그 결과 후버는 정치, 사회, 문화 분야의 유명인사들에 대한 방대한 양의 자료를 수집했으며, 이를 바탕으로 대통령조차도 함부로 어쩌지 못하는 막강한 권력을 누렸다.

후버는 여러 유명인사들 중에 공산주의에 동조해 비밀활동을 하는 사람들이 있다고 보고 그들에 대한 특별 감시를 지시

했다. 영화감독 존 휴스턴, 배우 험프리 보가트, 찰리 채플린 등 할리우드 영화 관계자들도 이에 감시 대상에 올랐는데, 특히 찰리 채플린은 미국 자본주의를 비판하는 영화 〈모던 타임스〉(1936)로 일찍부터 후버의 눈에 거슬렸던 인물이었다. 찰리 채플린은 1952년 영화 홍보차 영국을 방문하는 도중 후버에 의해 미국 입국 금지 조치를 당해 그대로 유럽에 눌러 앉아 살게 되기도 했다. 도로시 파커, 펄 벅, 어니스트 헤밍웨이,

존 스타인벡 등 유명 작가들도 FBI의 감시망 아래 놓였다. 과학자 앨버트 아인슈타인도 후버가 의심한 인물 중 하나였는데 이들의 감시와 검열에 넌더리가 난 아인슈타인은 미국으로 망명한 자신의 선택이 "돌이킬 수 없는 실수"였다고 발언하기도 했다.

후버의 비밀 자료에는 전·현직 대통령에 대한 것들도 포함되어 있었다. 이 때문에 대통령들도 후버를 함부로 건드리지 못했다. 캘빈 쿨리지부터 리처드 닉슨까지 8명의 대통령들이 후버의 장기집권을 내버려둘 수밖에 없었던 것은 방대한 비밀 자료의 힘을 얻기 위해서이기도 했지만 그 안에 자신에 대한 것도 있으리라는 판단에서였다. 대통령들이 감추고 싶어 했던 것은 부정부패와의 연루, 불륜 등 밝혀질 경우 정치생명에 큰 타격이 될 수 있는 것들이었다. 케네디의 경우 대통령이 되기 이전부터 당선 이후에도 계속된 복잡한 여자관계 정보가 후버의 손아귀에 있었고, 닉슨은 민주당 대선 후보 진영을 상대로 행한 도청과 서류 절취 등의 공작이 이미 후버에게 알려져 있었다.

그런 그에게도 약점은 있었으니 바로 그가 동성애자라는 소문이었다. 후버가 동성애자라고 믿는 사람들은 후버와 마찬가지로 평생 독신이었던 부국장 클라이

신입직원입니다. 잘 부탁드립니다.

안 돼!

드 톰슨과의 각별했던 관계, 후버의 여장 목격담 등을 이유로 든다. 후버는 공산주의자에 대해 집착에 가까운 모습을 보였던 반면, 마피아에 대해선 이상하리만치 무관심한 태도를 보였는데, 이 때문에 마피아가 후버의 동성애에 대한 결정적인 증거를 쥐고 그를 압박했던 것이 아닌가 하는 추측이 제기되기도 했다.

1972년 5월 2일 후버는 77세의 나이로 사망했다. 국회의사당에서 거행된 그의 장례식에는 2만 5천 명의 인파가 몰려들었으며, 닉슨 대통령은 "미국의 영웅이 사라졌다"고 애도했다. 오늘날 후버는 미국 내 안전 유지와 FBI의 발전에 크게 기여한 인물로 평가되지만, 독재적 권력 남용과 수사 과정에서의 인권침해가 오점으로 남기도 했다.

PART 09

저항, 인권, 평화의 시대

흑인이 일어서다 : 분리하지 말 것! 유권자가 될 것!

비폭력 저항은 억압받는 이들의 가장 강력한 무기, 마틴 루서 킹

스스로를 지키기 위해 모든 수단을 동원하라, 맬컴 엑스

더러운 전쟁을 중단하라 : 참상에 눈뜨다

긴 잠에서 깨어난 페미니스트 : 여성 해방을 외치다

우리 그냥 사랑하게 해주세요! 스톤월 항쟁에서 시작된 동성애자들의 권리 찾기

흑인이 일어서다 : 분리하지 말 것! 유권자가 될 것!

2008년 대선은 그 어느 대선보다 흥미로웠다.

자고 일어나면 빅뉴스!

버락 오바마와 힐러리 클린턴의 민주당 경선 부터가 화제였고

존 매케인과 오바마의 대선에 가서는

세라 페일린이 돌풍을 일으키며 대선 열기를 달구었다.

쑥

하지만 일상에서까지 그러한 열기를 느꼈던 것은 아니었는데

일단 바빴고.

더럼이 워낙 한적한 교외지역이었고

또 정치라는 주제 자체가 본래 일상 대화에서 나오기 힘든 탓도 있었다.

머라이어 캐리 신곡 나왔대.

어. 좋더라.

그래도 대선 관련 이야기를 한번 깊게 나눴던 사람이 한 명 있었는데

누가 될 것 같아?

같은 수업을 듣던 흑인 학생이었다.

난 꼭 오바마가 되었으면 좋겠어.

그래야 미래의 내 아이들이 가질 꿈이 훨씬 커질 수 있거든.

그의 바람은 이루어졌다.

OBAMA WINS!

언론은 기뻐하는 사람들의 모습을 카메라에 담았다.

그중에는 1960년대에 활약한 흑인 민권운동가들도 포함되어 있었다.

눈물을 흘리는 제시 잭슨 목사가 보이네요.

50년 전을 생각하면 얼마나 감개무량할 것인가!

60년대로 가볼까요?

1955년 12월 1일 버스의 중간 좌석에 앉아 있던 42세의 로자 파크스는

백인에게 자리 양보를 거부했다가

중간 좌석은 백인에게 우선권이 있었음.

경찰에게 체포되었다.

갑시다

이 사건이 일어난 앨라배마 주 몽고메리의 흑인들은 버스 보이콧 운동을 전개했다.

너네 버스 안 타!

연방대법원이 버스 좌석의 흑백분리를 위헌으로 판결하면서 보이콧은 흑인들의 승리로 끝났다.

YEAH!

운동을 이끈 남부기독교지도자회의(SCLC) 소속 마틴 루서 킹 주니어 목사는 전국적 주목을 받았다.

Martin Luther King Jr.
(1929–1968)

이 사건은 이후 이어진 대대적 흑인 민권운동의 전주곡이었다.

Yes We Can!

1960년 2월 1일 노스캐롤라이나 그린스보로에서 4명의 흑인 학생이 백인 전용 식당칸에 앉아 주문을 했다.

떡볶이랑 순대 4인분이요.

간 많이요.

가게 측이 주문 받기를 거절하자 학생들은 그대로 앉아 있었다.

없어!

다음 날 학생들은 다른 흑인 학생들과 함께 왔고

떡볶이! 순대! 김밥!

매일 더 많은 흑인 학생들이 몰려들었다. 연좌운동(sit-ins)의 시작이었다.

떡볶이! 튀김! 튀김은 묻혀서!

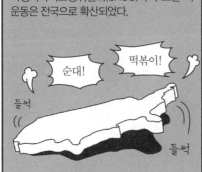

학생비폭력조정위원회(SNCC)가 주도한 이 운동은 전국으로 확산되었다.

순대! 떡볶이!

들썩 들썩

매출 급감을 견디지 못한 많은 가게들이 흑백분리를 철폐했다.

WHITES ONLY

1961년 5월 인종차별회의(CORE)는 흑백 분리로 운행되는 남부의 주간(州間) 버스에 항의하는 의미로

또 버스야?

'프리덤 라이더스(The Freedom Riders)'라 명명한 13명의 흑인, 백인 회원들이 좌석 구분 없이 버스 여행을 시도했다.

워싱턴 D.C에서 출발한 버스는 처음에는 큰 소동없이 가는가 싶었으나

빠~밤 빠~밤

BGM: 영화 〈죠스〉 테마

BGM 넣지 마!

곳곳에서 백인우월주의자들이 버스를 습격해 프리덤 라이더스를 폭행했다.

아이고 허리야

그래도 포기하지 않고 목적지까지 도달했죠.

프리덤 라이더스의 일원이었던 짐 즈워그 Jim Zwerg

이후 남부 전역에서 흑인, 백인 젊은이들이 같은 운동을 전개했고

얼굴 찌푸리지 말아요 모두가 힘들잖아요~

1961년 9월 주간버스 관장위원회가 버스회사들에게 좌석통합 명령을 내리면서 운동이 끝났다.

YEAH!

성과는 있었지만 갈등은 격화되었다. 1963년 4월 킹 목사가 주도한 앨라배마 버밍햄 행진 시위에서는

경찰이 시위 진압에 최루탄, 물대포, 경찰견을 동원했다.

까~ 그래도 귀여워!

콜록 콜록

체포되어 투옥된 킹 목사는 '버밍햄 감옥으로 부터의 편지'를 써서

민권운동의 가장 큰 적은 정의보다 안정을 추구하며 침묵하는 중도 백인임을 역설했다.

인종차별 철폐!

이제까지 민권운동에 소극적이었던 대통령 존 F. 케네디가 나섰다.

민권은 도덕적 이슈입니다.

1963년 6월 11일 대국민연설

미국은 모든 사람이 평등하다는 원칙 위에 설립되었습니다. 우리는 그 약속을 실현시켜야 합니다.

이 연설 이후 케네디는 인종, 종교, 성별에 따른 차별을 금지하는 민권 법안을 제출했다.

1963년 8월 킹은 케네디의 동의를 얻어 '워싱턴 행진' 행사를 연다.

25만 명이 운집한 링컨기념관 앞에서 킹은 유명한 연설을 했다.

나에게는 꿈이 있습니다. 불의와 억압의 사막이 자유와 정의의 오아시스로 변할 것이라는.

나에게는 꿈이 있습니다. 언젠가 나의 아이들이 피부색이 아니라 인격으로 평가받는 날이 올 것이라는.

워싱턴 행진에서 흑인 민권운동은 큰 진전을 이룬 듯 보였다.

1963년 11월 22일, 그러한 분위기에 찬물을 끼얹는 일이 일어난다. 바로 케네디 암살 사건이다.

콰르릉 번쩍

존 F. 케네디의 아버지는 9명의 자녀 중 대통령이 나오길 바란 야심찬 재력가였다.

너희들 중 한 명은 나와야 한다!

네

그는 장남에게 기대를 걸었으나

내새끼!

그가 제2차 세계대전에 참전하여 복무 중 사망하자

전사 통지서!

둘째인 존 F. 케네디가 그 짐을 떠안게 된 것이다.

정치에 입문하게 된 동기가 무엇입니까?

형이 죽어서요.

아버지의 돈과 인맥 지원을 받은 케네디는 초고속으로 상원의원 자리에 올랐고

근데 아빠, 너무 피곤해….

녹용 달여놨다.

쭉~

1953년 24세의 재클린 부비어와 결혼했다.

1960년 케네디는 드디어 미국 역사상 최연소로(43세) 대통령에 당선되었다.

엄마? 케서방 대통령 됐어!

케네디는 1963년 11월 22일 텍사스 주 댈러스에서 자동차 행렬 중 총격을 받고 숨졌다.

용의자 리 하비 오즈월드는 이송 도중 잭 루비가 쏜 총에 맞아 숨졌다. 조사위원회는 두 사람 모두 단독 범행으로 결론내렸다.

어휴, 이놈의 나라 총기 소지 좀 어떻게 해봐!

탕

많은 미국인들은 사건의 배후가 밝혀지지 않았다고 믿었으며 지금도 그 의혹은 계속되고 있다.

케네디 암살의 진실을 추적하는 영화 〈JFK〉

케네디는 대내외적으로 많은 위기 상황을 맞았던 대통령이고 그에 대한 대응은 논란의 여지가 많았다.

흑백충돌
피그스만 침공사건
문란한 성생활

그럼에도 불구하고 그는 사랑받는 대통령이었다. 그의 갑작스런 죽음에 미국 전체가 비탄에 잠겼다.

같이 울 여친이 없는 것도 슬프다 엉엉

오늘날 많은 미국인들에게 케네디는 여전히 아름다운 기억으로 남아 있다.

1964년에는 미시시피를 중심으로 흑인 유권자 등록 운동이 일어났다.

'미시시피 여름 (Mississipi Summer)' 운동이라고 해요.

당시 남부 흑인들은 후환이 두려워 유권자 등록을 못하고 있었는데

이 운동은 그들을 격려해 유권자 등록을 하게끔 했다.

유권자 등록 하러 고고씽!

백인우월주의자들의 반발이 거셌다. 30채의 집에서 폭탄이 터졌고

운동가들이 폭행, 살해당했다.

이 과정에서 운동가들의 보호 임무를 맡고 파견된 FBI 요원들이 수수방관하면서

사람 살려!

점심 뭐 먹지…

연방정부에 대한 흑인들의 배신감과 불신이 깊어졌다.

다 한통속이야!

1960년대 중반이 되자 민권운동에 절망감이 퍼지기 시작했다.

꿈쩍도 안 한다!

백인 우월주의

흑인들의 절망감은 백인 민권운동가들에 대한 불신으로까지 이어졌다.

쟤네들은 어차피 집으로 돌아가면 그만…

백인은 백인이야.

특히 백인 대학생들의 민권운동 참여로 흑인들이 뒷전으로 밀려나게 되면서 갈등이 더 깊어졌다.

이 유인물 복사 부탁해요.

하버드 학생이래

앞서 연좌운동을 이끌던 SNCC는 결국 백인회원이 주요 역할을 맡는 것을 금지했다.

이건 우리 문제요!

툭

비폭력 노선을 버려야 한다는 의식도 흑인들 사이에서 커졌는데

눈에는 눈! 이에는 이!

이렇게 흑인의 주도권을 강조하고 폭력 사용을 용인한 새로운 흐름을 '블랙 파워(Black Power)'라고 한다.

블랙 파워 킥!

빡

블랙 파워가 우세해지자 비폭력 노선을 대표하는 킹 목사는 입지가 좁아졌다.

1965년 로스앤젤레스에서 일어난 흑인폭동을 진정시키기 위해 해당 지역을 방문한 킹은 주민들의 야유를 들었다.

백인 앞잡이!

케네디가 없는 연방정부도 킹의 편이 아니었다. FBI는 킹을 집요하게 감시했다.

아 쫌!

TOILET

킹의 불륜 사실을 알아낸 FBI는 그것을 빌미로 킹에게 민권운동에서 물러날 것을 강요하기도 했다.

당신 와이프는 이거 알고 있나?

이러한 악조건에서 인종평등을 위해 끊임없이 일했던 그는

1968년 4월 4일 암살당했다.

킹을 암살한 제임스 얼 레이는 정확한 동기를 밝히지 않았다.

흑인들의 분노가 폭발했다. 100개 이상의 도시에서 폭동이 일어났다.

으아아아 킹 목사님!

충격도 잠시, 민권운동에 기여해온 법무장관 로버트 케네디(존 F. 케네디의 동생)가 암살당했다.

집안에 마가 꼈나…

연이은 비극에 미국 전체가 비탄에 잠겼다.

아직도 여친이 없다!

두 민권운동 지도자가 사망한 1968년은 변화를 갈망하는 사람들의 절망이 극에 달한 시기였다.

아마 안 될 거야 우린…

그래도 다행인 것은 그때 인도네시아에선 어린이 오바마가 잘 크고 있었다는 것!

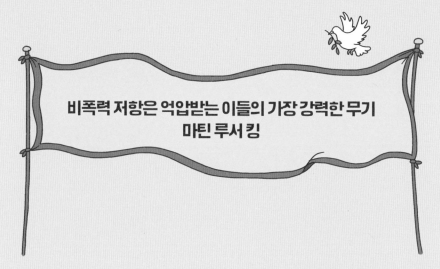

비폭력 저항은 억압받는 이들의 가장 강력한 무기
마틴 루서 킹

마틴 루서 킹Martin L. King Jr.(1929~1968) 목사는 흑인 민권운동의 대표적인 지도자다. 폭력적 저항 대신 비폭력 불복종운동을 강조한 킹의 투쟁은 다른 많은 운동가들에게 영감을 주었고 흑인 민권운동이 국민적 공감을 얻는 데 크게 기여했다.

킹이 민권운동에서 최초로 주목받은 사건은 1955년 앨라배마 주 몽고메리에서 일어난 버스 보이콧운동이었다. 로자 파크스가 버스에서 백인에게 자리 양보를 거부했다가 체포되자 몽고메리의 흑인들이 단합하여 버스 보이콧운동을 전개했다. 이 운동을 이끈 사람이 파크스가 다니던 침례교회의 26세 흑인 목사 마틴 루서 킹이었다. 킹은 보이콧운동을 공모한 혐의로 체포되기도 하고, 집에 폭탄이 날아들기도 했으나 개의치 않고 운동을 전개해 1년 만에 결국 버스의 흑백분리 지정석 제도가 폐지되는 데 기여했다.

킹이 민권운동에서 강조한 것은 비폭력 저항이었다. 그는 폭력은 폭력을 낳을 뿐이며, 영혼의 힘에 의지하여 고난을 감내하는 비폭력운동을 통해서 정의가 이룩될 수 있다고 주장했다. 간디의 비폭력 저항운동에서 영감을 얻었던 그는 1959년 인도를 방문하기도 했다. 그는 인도 방문 중 라디오 연설에서 "비폭력 저항이 정의와 인간의 존엄성을 위해 투쟁하는 억압받는 사람들이 가질 수 있는 가장 강력한 무기임을 확신하게 되었다"고 밝혔다.

민권운동의 가장 큰 적은 정의보다 안정을 추구하며 침묵하는 사람들입니다.

뜨끔!

몽고메리 버스 보이콧운동 이후 남부기독교지도자회의SCLC를 조직한 킹은 조지아, 앨라배마 등의 지역에서 비폭력 행진 시위를 주도하며 활약했다. 경찰의 진압에 최루탄, 물대포, 경찰견 등이 동원되었던 앨라배마 행진에서 킹은 체포되어 투옥되기도 했다. 이때 옥중에서 작성한 '버밍햄 감옥으로부터의 편지Letter from Birmingham Jail'에서 그는 민권운동의 가장 큰 적은 KKK단이 아니라 정의보다 안정을 추구하며 침묵하는 중도 백인과 성직자들임을 역설했다. 킹이 주도한 비폭력 운동은 1963년 8월 워싱턴 행진에서 꽃을 피웠다. 흑인과 백인을 합쳐 25만 명이 참여한 행진에서 킹은 그 유명한 '나에게는 꿈이 있습니다I have a dream' 연설로 인종차별 철폐를 부르짖었다.

1964년 킹은 비폭력 저항을 통한 민권운동의 활약을 인정받아 노벨평화상을 수상했다. 이후 인종차별뿐만 아니라 빈곤과 베트남 전쟁에 대해서도 목소리를 냈던 그는 1968년 4월 4일 테네시 주 멤피스의 한 모텔에서 암살당했다. 당시 나이 39세였다. 1986년 연방정부는 그의 업적을 기리기 위해 1월 셋째 주 월요일을 '마틴 루서 킹의 날'로 지정했다.

"어둠은 어둠을 몰아낼 수 없습니다.
오직 빛만이 그렇게 할 수 있습니다.
증오는 증오를 몰아낼 수 없습니다.
오직 사랑만이 그렇게 할 수 있습니다."

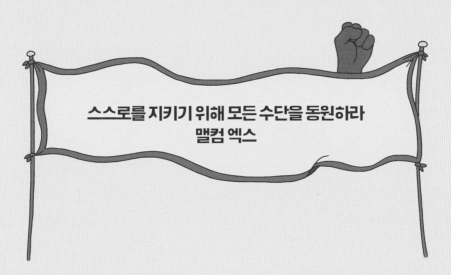

스스로를 지키기 위해 모든 수단을 동원하라
맬컴 엑스

흑인 민권운동의 비폭력·화해의 노선에 마틴 루서 킹 목사가 있었다면, 인종차별에 대해 눈에는 눈, 이에는 이로 맞서며 백인과 일체의 협력을 거부하는 노선에는 맬컴 엑스Malcolm X (1925~1965)가 있었다. 흑인 무슬림 운동 단체인 '네이션 오브 이슬람Nation of Islam'의 활동가였던 그는 뛰어난 연설 능력으로 대중의 주목을 받았으며, 킹 목사와 더불어 흑인들의 정신적 지주 역할을 했다. 그가 강조한 흑인의 단결과 인종차별주의에 대한 적극적인 대항정신은 블랙 파워 운동이 발생하는 토대가 되기도 했다.

보스턴과 뉴욕에서 매춘 알선, 밀매, 도박 등을 하며 밑바닥 삶을 살던 맬컴 엑스가 네이션 오브 이슬람의 활동가로 변신한 곳은 감옥이었다. 1946년 그는 보스턴에서 주택을 털다가 체포되어 수감됐다. 면회 온 동생의 권유에 의해 네이션 오브 이슬람을 접하게 된 그는 흑인

"어떤 사람이 잔인한 폭력의 계속적인 피해자로 있는데도 자신을 방어하지 말라고 가르치는 것은 범죄나 마찬가지다. 권총이나 소총을 소유하는 것은 합법적이다."

의 자립과 백인과의 분리를 강조하는 운동의 메시지에 공감했다. 그는 당시 운동 지도자인 일라이자 무하마드Elijah Muhammad(1897~1975)와 편지를 주고받으며 네이션 오브 이슬람에 대한 지식을 쌓아나갔다. 1952년 가석방으로 출소한 맬컴 엑스는 네이션 오브 이슬람에 정식으로 가입한 뒤 노예였던 자신의 선조에게 주인이 부여한 '리틀Little'이라는 성을 버리고 'X'로 개명했다.

네이션 오브 이슬람의 활동가가 된 맬컴 엑스는 뛰어난 언변으로 신도들을 빠르게 늘렸으며 곧 전국적인 명성을 얻게 되었다. 그는 백인을 '악마'라고 지칭하고, 킹 목사의 비폭력주의를 비난하며 흑인들이 자신을 지키기 위해서는 필요한 모든 수단을 써야 한다고 주장했다.

특히 마틴 루서 킹이 주도한 1964년 워싱턴 행진에 대해 그것은 '어릿광대 놀이'이며 '서커스'에 지나지 않는다고 비난했다. 또한 백인 30여 명이 비행기 추락사고로 사망한 뉴스에 대해 '좋은 소식'이라고 발언하거나 케네디 대통령의 암살 사건에 대해서 '자업자득'이라고 말하는 등 거침없는 발언으로 주목을 받았다.
네이션 오브 이슬람 내에서 맬컴의 영향

력이 커지자 내부에서 세력 갈등이 생겨나기 시작했다. 결국 맬컴은 1964년 네이션 오브 이슬람과 결별하고, 진정한 이슬람을 이해하고자 이슬람 성지인 사우디아라비아의 메카 순례를 떠났다. 전 세계 다양한 인종의 이슬람 신자들이 모인 메카에서 맬컴은 모든 인간은 형제라는 깊은 깨달음을 얻게 된다. 미국으로 돌아온 뒤 맬컴은 '아프리카—아메리카 통합 기구'를 결성하고 미국과 해외를 돌아다니며 흑인의 단결뿐만 아니라 인종 간 평화에 대해 역설했다.

네이션 오브 이슬람 탈퇴 뒤 늘 살해 위협에 시달렸던 맬컴은 1965년 2월 21일 할렘에서의 연설 도중 저격을 받고 사망했다. 네이션 오브 이슬람 회원 3명이 용의자로 기소되어 유죄를 선고받았지만 그 배후가 누구였는지는 끝내 밝혀지지 않았다.

더러운 전쟁을 중단하라 : 참상에 눈 뜨다

1968년에는 당시 한창이던 베트남 전쟁에서도 결정적 변화가 일어났다.

1월 31일 북베트남군의 대대적 공세로 미군이 큰 타격을 입은 것이다.

이 전투를 계기로 미국은 패배를 예감하기 시작했고

미국이 진다고?

진짜? 리얼리? 혼또?

반전 분위기가 일반 가정에까지 확산되었다.

내 아들 살려내!

빈진운동은 민권운동과 더불어 1960년대를 대표하는 저항운동이다.

누가 감히 우릴 건드려!

반전

민권

이제 베트남 전쟁에 대해 알아보죠.

NO WAR

1883년 이후에는 프랑스의 식민지, 제2차 세계대전 중에는 일본의 식민지였던 베트남.

에혀

1945년 일본이 물러나자 호찌민이 공산정권인 베트남민주공화국을 수립했는데

Ho Chi Minh
(1890-1969)

프랑스가 돌아와 베트남에 대한 종주권을 주장하면서 프랑스와 베트남 사이에 전쟁이 일어났다.

하~ 이게 주인도 몰라보고.

VS

공산 세력 확대를 저지하기 위해 미국은 프랑스를 지원했는데

살살해, 살살.

버릇을 고쳐주지.

결과는 베트남의 승리였다.

살살해! 제발 살살 좀 해!

퍽

퍽

이후 제네바협정에서 베트남을 공산정권인 북부와 친서방정권인 남부로 분단하고 추후 선거에 의해 통일한다는 합의가 이루어졌다.

남베트남에 응오 딘 지엠(Ngo Dinh Diem)의 친미정권을 수립한 미국은

안녕하세요, 지엠이에요.

약속한 선거 시기가 왔지만 선거 개최를 거부했다.

질 게 뻔한 선거를 왜 하니!

귀여워!

그런데 지엠정권은 부패한데다가 불교신자인 베트남인들에게 가톨릭으로 개종할 것을 강요해

개종해!

오마이 부처님!

민심의 지지를 전혀 받지 못했다.

싸늘~

1960년 남베트남에서 지엠정권에 항거하는 '베트남민족해방전선', 일명 '베트콩'이 결성되었다.

지엠 물러가라!

1963년 11월 결국 지엠정권은 무너졌다. 이제 미국은 베트남에 직접 개입하기로 결심한다.

재활용

1964년 8월 린든 B. 존슨 대통령은 통킹 (Tonkin)만에서 북베트남군이 미국전함을 공격했다는 발표를 했다.

이것은 사실 근거가 불확실했으나 어쨌든 미국은 이를 빌미로 전쟁을 선언했다.

세계 최강대국 미국은 자신만만했으나

북베트남은 쉽게 무너지지 않았다.

파병 미군 수는 갈수록 증가했고

제2차 세계대전 중 유럽에 떨어진 폭탄보다 더 많은 폭탄이 베트남에 떨어졌다.

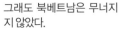

그래도 북베트남은 무너지지 않았다.

1967년까지 약 1만 4천 명의 미군이 목숨을 잃었고

살아남은 병사들은 마약에 의존하며 점차 이성을 잃어갔다.

그러는 중에 민간인 학살이 종종 자행되었다.

남이고 북이고 베트남 사람은 그냥 다 죽어버려!

마을 주민 560명 이상이 사살당한 미라이 학살이 한 예다.

전쟁 초기에 미국의 대중은 베트남에 큰 관심이 없었다.

베트남?

거기 쌀국수 맛있지.

하지만 TV나 신문을 통해 베트남의 참상이 조금씩 알려지자

헐!

반전 분위기가 점차 고조되었다.

더러운 전쟁을 중단하라!

반전운동은 민권운동에 참여한 경험이 있는 백인 대학생들의 주도로 시작됐다.

인종차별 철폐!

민권운동을 통해 사회의 부조리에 눈을 뜬 많은 백인 대학생들에게

이 사회는 썩었다!

베트남전은 그들이 저항해야 할 또 하나의 '잘못된 미국'이었다.

뭐…뭐! 왜!

휙

흠칫

베트남 전쟁

때마침 불어닥친 '블랙 파워' 운동은 민권운동에서 백인들을 유리시켰고 이들은 반전운동으로 방향으로 전환했다.

이건 우리 일이오!

베트남전 반대!

!

'민주사회를 위한 학생(SDS)' 주도로 1965년 4월 워싱턴에서 열린 반전 시위에는 2만 5천 명이 운집했다.

LOVE NOT WAR

미국이 진다.

시위는 전국으로 확산되었으며 시위대는 이런 구호를 외쳤다.

헤이 LBJ(린든 B. 존슨), 오늘은 어린 아이들을 얼마나 죽였지?

징집 거부 운동도 일어났다.

샘, 너 영장 나왔다.

베트남전 반대!

대학생들은 징집을 연기할 수 있었기 때문에 대학 갈 형편이 안 되는 가난한 학생들에게 징집은 더 큰 문제였다.

돈 없어서 대학 못 간 것도 서러운데!

훌쩍

많은 젊은이들이 시위에서 징집카드를 불태웠다.

니가 가라 하와… 아니 베트남!

흑인들도 징집 거부 운동을 벌였다.

백인이 흑인을 보내 황인을 상대로 전쟁을 벌이고 있습니다!

옳소!

권투선수 무하마드 알리는 징집을 거부해 챔피언 타이틀을 박탈당하고 5년 징역형을 선고받기도 했다.

난 베트콩에 아무 감정 없습니다.

약 25만 명의 미국인이 베트남 전쟁의 징집을 기피했다.

군대 가!

이처럼 1960년대는 기존 사회 시스템에 대한 국민적 저항으로 사회 혼란이 극심했던 시기였다.

사회에 대한 회의가 커지자 젊은이들 중에는 탈사회적 노선을 택하는 사람들도 나타났다.

'히피(hipie)'죠!

너덜너덜한 옷, 긴 머리, 덥수룩한 수염으로 대표되는 히피는 평화와 나눔, 공동체 의식을 중시했고

일정한 거주지 없이 함께 떠돌며 자유분방한 성관계와 마약을 즐겼다.

강강술래

애플의 전 CEO 스티브 잡스도 이들 중 하나였다.

사과가 뭐 어쨌다고?

엉엉~ 잡스형~

누…누구세요! 왜 이러세요!

잡스팬 홍작가

1960년대 젊은이들의 저항문화에는 음악도 중요한 부분을 차지했다.

스콧 매킨지의 노래 'San Francisco'는 샌프란시스코를 히피의 성지로 만들었고

사이먼 앤 가펑클은 잔잔한 목소리로 젊은이들의 공허감을 대변했다.

저항을 노래한 밥 딜런도 있었고

비틀즈도 엄청난 사랑을 받았다.

1969년 여름 뉴욕 주 우드스탁에서 열린 록 포크 음악 축제에는

40만 명 이상의 젊은이들이 모여 사흘간 평화와 사랑을 노래했다.

긴 잠에서 깨어난 페미니스트 : 여성 해방을 외치다

학과 휴게실

세훈! 페이퍼 써?

제이미!

사과 먹을래?

땡큐!

기다려봐. 땅콩버터 발라줄게.

사과에 땅콩버터?

같은 학과 제이미는

우와! 맛있네?!

괜찮지?

엄마같은 친구였다.

땅콩버터 냉장고에 둘 테니까 필요하면 언제든 꺼내 먹어.

땡큐!

그리고 자신이 페미니스트라고 말하는 여성이었다.

나? 페미니스트!

나 질문 하나 해도 돼?

물론! 뭔데?

한국 남자들은 의무적으로 군대에 가야 해.

한국 여자도 가야 한다고 생각해?

잘 모르겠어. 어렵다.

그렇지?

비교적 옳고 그름이 명확한 민권 문제와는 달리 여성 문제에는 많은 시각 차이가 있다.

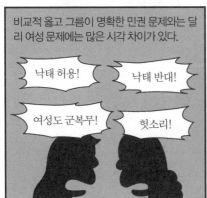

낙태 허용!

낙태 반대!

여성도 군복무!

헛소리!

이를 이해하기 위해 미국 여성운동의 역사에 대해 알아보자.

1960년대 저항운동의 마지막 주자, 여성운동에 대해 알아보죠.

1920년 미국 여성에게 선거권이 주어진 이후

휴우~ 드디어 목표 달성!

긴 잠에 빠져 있던 여성운동은

1963년 베티 프리단의 책《여성의 신비》를 계기로 잠에서 깨어났다.

언니 일어나.

Feminine Mystique

평범한 가정주부였던 프리단은 늘 무력감과 우울함에 시달렸다.

그녀는 이것이 모든 가정주부들이 겪는 '이름 없는 문제'라고 보았고

《여성의 신비》를 집필해 이 문제를 파헤쳤다.

여보 넥타이!

엄마 밥!

웬수들 책 좀 쓰자…

프리단은 이 책에서 가정이 '편안한 강제수용소'일 뿐이며

여성이 공적 영역으로 나가 자신의 능력을 발휘해야 한다고 주장했다.

밥은 해주고 가!

당시 미국에서 이러한 주장은 큰 논란을 일으켰다.

소는 누가 키워, 소는!

프리단은 많은 비난의 표적이 되었는데 남성들보다 여성들의 비난이 더 많았다.

가정이 수용소라니!

살림을 잘해봐라! 그런 말이 나오나!

그녀의 책은 이후 전개된 여성운동 내에서도 많은 비판을 받았지만

백인 중산층 여성 중심이다.

프리단의 주장은 약하다. 아예 다 뒤집어야 해!

많은 여성들이 그녀의 주장에 공감해 여성운동에 눈을 떴다.

일어나요!

일어나. 일어나.

Feminine Mystique

1966년 베티 프리단은 뜻을 같이 하는 사람들과 '전국여성연합'을 조직해

The National Organization for Women

줄여서 'NOW'!

공적 영역에서의 여성 차별에 저항하는 법적 투쟁에 나섰다.

기업의 여성직원 연봉 인상, 대학 장학금의 여성 지원자 차별 철폐 등의 성과를 거두었죠.

그러나 여전히 사적 영역에서 여성 비하적 시각은 변하지 않았고

이러한 상황에서 공적 영역으로 진출한 여성은 수퍼우먼이 되어야 하는 어려움이 있었다.

여보, 넥타이!

서류 정리 다 했어?

엄마, 쉬마려.

보고서 제출해!

이에 더 급진적이고 전투적인 운동이 전개되기 시작했다.

이른바 '여성해방운동'의 시작이었다.

여성 해방 운동

여성해방운동을 이끈 사람들은 주로 젊은 백인 여성들로,

이중에는 민권운동이나 반전운동에서 활동한 경험이 있는 사람들이 적지 않았다.

Equality Now!

저항운동 단체 내에서도 여성은 소외된 존재였다. 여성은 단체의 의사결정 과정에서 배제되었고

회의하니까 나가 있어.

전통적으로 '여성의 일'이라 여겨진 일들만 수행했다.

그거 복사 좀 해줘.

여기 커피 한 잔!

심지어 흑인 민권운동 내에서는 흑인 남성들이 백인 여성운동가들의 '진정성'을 걸고 넘어지며

왜? 내가 싫어? 흑인이라서?

백인 여성을 성적으로 이용하는 일이 일어나기도 했다.

불만이 쌓인 여성들이 모여 문제점과 해결책을 논의하고

더 이상 가만히 있으면 안 돼.

동감!

단체 행동에 나서기도 했으나

우리 요구를 정리했으니 읽고 반영해주길 바래!

돌아온 것은 남성들의 조롱뿐이었다.

뭐, 별다방 커피라도 필요해?

너희 오늘 단체로 그날이냐?

계속되는 여성들의 요구가 무시당하자

배부른 소리하네. 니들이 흑인들의 절망을 알아?

반전운동이 먼저고 그건 나중 문제야.

많은 여성들이 민권운동과 반전운동을 떠나 자신들의 해방을 위해 뭉치기 시작했다.

밥은 해주고 가.

시끄러!

'지옥에서 온 국제여성테러음모단(W.I.T.C. H)', '레드스타킹즈(Red-stockings)' 등 여러 여성해방운동 단체가 이런 맥락 아래 결성되었다.

여성해방운동은 미스 아메리카 대회 반대 시위로 미디어의 주목을 받기 시작했다.

1968년 대회가 열리는 뉴저지 애틀랜틱시티에서 일어난 이 시위에는

남성을 위한 눈요기 대회를 중지하라!

나까지만 하자!

200여 명의 여성들이 쓰레기통에 거들, 인조 속눈썹 등 '여성 억압적 도구'를 버리는 퍼포먼스를 선보였는데

언론은 이들이 브래지어를 태웠다고 자극적으로 보도해 'bra-burner'가 전투적 페미니스트를 지칭하는 말이 되었다.

사전에도 있네

전국여성연합(NOW)은 뉴욕 시에서 여성 직장인들의 파업 행진 시위를 주도했다.

언니 지금이야.

NOW

이 시위에서 몇몇 여성들은 주방 도구나 타자기를 몸에 매어 자신들의 억압을 표현했다.

가벼운 걸로 할 걸!

여성해방운동은 각지에서 자생적으로 일어
난 '풀뿌리 조직'의 활동이 두드러졌다.

이는 참여자들이 자유롭게 의견을 표출하게
하는 장점이 있었지만

다양한 입장 차이로 여성운동의 힘이 하나로
모이지 못하는 원인이 되기도 했다.

그럼에도 불구하고 많은 성과들이 있었다.
교과서에서 성차별적 삽화나 용어가 수정되
었고

'Miss'나 'Mrs.' 대신 'Ms.'의 사용이 적극 장려
되었다.

또한 많은 대학에 여성학이 개설되어 여성 문
제가 학문적 조명을 받았다.

1970년대로 넘어가는 길목에서도 저항의 불길은 꺼지지 않았다.

계속 전진!

민권 반전 여성

1969년 블랙 파워 운동 단체가 경찰과 충돌해 28명의 운동가들이 사살되었고

오하이오 주 켄트주립대학의 반전 시위에서는 4명의 학생들이 주방위군의 총에 맞아 숨졌다.

여성해방운동도 낙태, 가정폭력 등의 문제에 대해 목소리를 냈다.

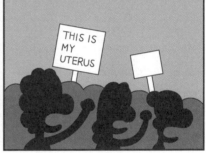

THIS IS MY UTERUS

변화는 꾸준히 일어났다. 연방대법원이 버스 통학을 통해 학교의 흑백통합을 강제했고

흑인 학생 받아라!

1973년에는 낙태를 여성의 기본권으로 인정하는 판결을 내렸다.(로 대 웨이드 판결)

여성은 임신 후 6개월까지 낙태를 선택할 헌법상 권리를 가진다.

땅땅땅

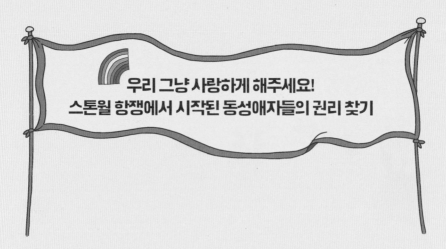

우리 그냥 사랑하게 해주세요!
스톤월 항쟁에서 시작된 동성애자들의 권리 찾기

1960년대 흑인 인권운동과 여성운동은 오랫동안 억압받아온 동성애자들에게도 영감을 주었다. 전국적인 저항의 분위기 속에서 동성애자들은 당당히 자신들의 권리를 주장해야 한다는 의식을 갖게 되었고 이것은 '스톤월 항쟁Stonewall riots'을 계기로 표면에 드러나기 시작했다.

'스톤월 인Stonewall Inn'은 뉴욕 맨해튼 그리니치빌리지에 위치한 게이바다. 당시에는 동성끼리 춤을 추거나 남성이 여성 옷을 입는 것이 불법이었다. 동성애자로 의심되기만 해도 직장에서 해고될 수 있었으며, 미국정신의학협회APA는 동성애를 정신질환으로 규정했다. 그러한 시기에 스톤월은 불법적으로 운영되던 술집이었다. 운영자가 경찰을 매수하여 영업을 지속할 수 있었지만 불시에 경찰들이 들이닥쳐 '불법'을 자행하는 게이들을 연행해가곤 했다.

1969년 6월 28일 새벽 1시 20분 즈음 스톤월에서 종종 일어나는 경찰의 불시 단속이 있었다. 단속당한 게이들이 경찰차로 연행되었고 술집 주변으로 100~150명 정도의 구경꾼들이 몰려들었다. 예전과 다름없던 광경을 한순간에 바꾼 것은 군중들 사이에서 갑자기 "게이에게 권력을!"이라는 외침이 나오고, 누군가가 인권운동을 상징하는 노래인 '우리는 극복하리라We Shall Overcome'를 부르면서부터였다. 경찰관에게 동전과 술병이 날아들었고 시위대로 변한 군중과 경찰들 간에 격렬한 몸싸움이 일어났다. 경찰특공대

1969년 '스톤월 인'의 모습 ⓒNew York Public Library

가 출동해 새벽 4시에 이르러서야 마무리된 충돌은 스톤월을 폐허로 만들었다. 사망한 사람은 없었지만 경찰관 4명과 시위 참가자 여러 명이 크게 다쳤다. '스톤월 항쟁'이라고 이름 붙여진 이 사건은 역사상 최초로 게이들이 경찰에 저항한 사건이었다.

스톤월 항쟁을 계기로 게이들은 공개적으로 목소리를 내기 시작했다. '게이 해방 전선Gay Liberation Front'이 결성되어 동성애자들의 권리를 주장하는 캠페인이 전개되었으며 레즈비언 단체들도 조직되어 활동에 나섰다. 〈게이Gay〉, 〈컴 아웃 Come Out〉, 〈게이 파워Gay Power〉 등 동성애자를 대상으로 한 신문과 잡지도 발행되

었다. 스톤월 항쟁 1년 뒤 1970년 6월 28일에는 맨해튼 중심가에서 사상 처음으로 게이 퍼레이드가 열렸다. 이 퍼레이드는 뉴욕의 대표적인 연례행사로 지금까지도 이어지고 있다. 1973년에는 미국정신의학협회가 오랫동안 고수했던 '동성애=정신질환'의 이론을 철회했다.

하지만 변화에 대한 반발도 만만치 않았다. 1971년 연방대법원은 동성커플의 혼인신고를 받아들이지 않은 미네소타 주 법원의 결정이 위헌이 아니라고 판결했다. 1973년 메릴랜드 주는 미국 주 가운데 최초로 동성결혼을 금지하는 법을 제정했고 1994년까지 미국의 거의 모든 주가 동일한 법을 제정했다.

스톤월에서 시작된 동성애자들의 권리 찾기는 여전히 현재진행형이다. 동성애와 관련하여 최근 미국에서 가장 큰 이슈가 되고 있는 사안은 동성결혼 합법화다. 2014년, 미국에서 동성결혼을 허용한 주는 매사추세츠, 뉴욕, 뉴멕시코, 메인, 델라웨어와 수도 워싱턴DC 등 모두 17개 주이며 나머지 29개 주는 동성결혼을 금지하고 있다. 2013년 6월 연방대법원이 이성 간의 결합만을 결혼으로 인정하는 연방법인 '결혼보호법DOMA'을 위헌으로 판결하면서 동성결혼을 금지하는 주에 법 개정 요구가 이어지고 있다.

PART 10

보수주의의 역습

개혁과 저항, 일시정지!

카터 지고 레이건 뜨고 : 보수행렬은 계속된다

Merry Christmas? No! Happy Holiday!

정치적 공정성은 과연 공정한가, 다문화 사회에 대한 미국의 고민

개혁과 저항, 일시정지!

그러나 계속되는 급진적 변화 속에서 많은 사람들이 피로를 느꼈다.

에휴 맨날 시위야….

지겹다 지겨워.

1968년 대선에서 공화당의 리처드 닉슨 후보는 이점을 잘 간파했다.

드디어 때가 왔다!

'반미활동위원회(HUAC)'의 핵심 인물로서 반공 보수의 상징이었던 그는

滅 共 *

*멸공

'침묵하는 다수'를 위해 법과 질서를 회복할 것임을 내세워 대통령에 당선됐다.

꿈이여 생시여!

이건 꿈

보수적 가치를 앞세운 닉슨의 정치는 대중의 호응을 얻었고

좀 천천히 갑시다!

개혁

저항

1972년 닉슨은 압도적 표 차이로 재선에 성공했다.

그러나 전임 대통령처럼 닉슨 역시 베트남의 악몽에서 자유롭지 못했다.

베트남 펀치!

베트남 전쟁

닉슨은 전쟁을 캄보디아까지 확장하려고 했으나

캄보디아는 북베트남군의 보급품 통로다!

캄보디아로 진격!

전의를 상실한 베트남 미군 기지에서는

아, 오늘 소녀시대 컴백하는데 진짜…

생방송 뮤직펑크!

탈영과 하급자의 상급자 살해가 빈번한 상황이었다.

전투 준비!

죽으려면 당신 혼자 죽으쇼!

휙

결국 1973년 1월 27일 닉슨정부는 북베트남과 휴전협정을 체결하고 군대를 철수했다.

다시는 오지 마라!

PTSD

이듬해 베트남은 공산국가로 통일되었다. 베트남전은 결국 미국의 패배로 끝났다.

헉헉헉

＊PTSD: 외상 후 스트레스 장애

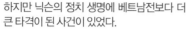
하지만 닉슨의 정치 생명에 베트남전보다 더 큰 타격이 된 사건이 있었다.

그만하면 됐지, 또 있어?

워터게이트 사건!

1972년 대선에서 닉슨 진영 선거운동원이 민주당 회의를 도청하려다 발각되었는데

민주당 선거 회의실이 있는 건물 이름이 워터게이트랍니다.

거기 뭐하는 거요?

켁! 들켰다!

수사가 진행되면서 사건의 배후에 닉슨이 있음이 서서히 드러났다.

사실 닉슨이 꾸민 일이예요.

닉슨이?!

켁! 또 들켰다!

닉슨은 진실 은폐를 위해 갖은 수를 썼으나

수사에 협조해주시죠.

너 해임!

결정적 증거가 담긴 녹음 테이프가 나오자 그는 결국 혐의를 인정했다.

쿵

흐누우

1974년 8월 닉슨은 미국 역사상 최초로 사임으로 대통령직에서 물러났다.

거짓말 하면 대통령이고 뭐고 없구나.

닉슨은 물러났지만 그의 집권 기간은 '뉴라이트' 보수주의 운동이 결집된 시기였다.

민권　반전　여권

뉴라이트는 1960년대의 자유주의 물결에 대한 반대 운동이었다.

세상 시끄러워 못살겠다!

예를 들어 뉴라이트 단체 '이글 포럼(Eagle Forum)'은 반페미니즘 캠페인을 통해

여권운동이 가정을 파괴하고 있습니다!

이글 포럼 창립자
필리스 슐래플리
Phyllis Schlafly

여권운동 진영이 추진한 'ERA(평등권 수정안)'의 비준을 막았다.

언니 정말 너무한다!

STOP ERA

여권운동

빡

보수 기독교 목사들도 사회 전면에 나서기 시작했다.

주로 TV 전도 프로그램을 통해서죠.

침례교 목사 제리 폴웰은

인기 TV 전도사이자, 리버티대학 설립자 이기도 합니다.

Jerry Falwell

각종 집회와 정치 로비 활동까지 벌였다.

의원님!　　목사님!

카터 지고 레이건 뜨고 : 보수행렬은 계속된다

1976년 지미 카터가 대통령에 당선되었다.

워커게이트 사건으로 상처받은 미국인들은

정직하고 신실한 기독교인임을 내세운 카터에게 기대를 걸었다.

교회 오빠 스타일!

집사님이겠죠

그러나 카터에겐 많은 악재가 닥쳤다. 1973년 시작된 석유 파동이 진정될 기미가 보이지 않는 상황에서

이스라엘 지지하는 미국한테 석유 안 판다!

O P E C

국민들의 소비 행태를 질책한 그의 발언은 많은 국민들의 분노를 샀다.

많은 미국인들이 방종과 소비를 숭배하고 있습니다.

목사님 설교하냐!

너 말이야 너. 그래 너.

1979년에는 이란의 친미정권인 팔레비 왕조가 혁명으로 무너지고 국왕이 미국으로 망명했는데

미국만이 살 길!

이란인들이 미대사관을 점령, 직원들을 인질로 삼고 국왕의 인도를 요구했다. 이 인질극은 1년간 계속되었다.

팔레비 내놔!

엄마

경제와 이란 문제에 발목이 잡힌 카터는 1980년 대선에서 낙선했고

에헉, 그래 이게 낫다.

집에 갈래

공화당의 로널드 W. 레이건이 미국 역사상 최고령(70세)으로 백악관에 입성했다.

팔팔합니다!

정치 입문 전 영화배우이자 영화협회 회장으로 반공활동에 앞장 서기도 했던 그는

보통 '말보로맨'이 상징하는 미국적 리더의 이미지에 잘 맞는 인물이었다.

*말보로맨: 말보로 담배 광고에 나오는 남성 모델

잘생긴 외모에 여유와 유머가 넘쳐 레이건과 대화를 나눈 사람은 금방 그의 팬이 되었다.

네네

정적들조차 인간적으로는 레이건에게 끌렸음을 고백했을 정도였다.

♪ 숨겨왔던 나의~

?

레이건 정부는 강도 높은 보수주의 행로를 걸었다.

'작은 정부'를 내세우며 파격적 감세 및 빈민층 보조금 삭감을 단행했고

외교 면에서는 소련을 '악의 제국'으로 규정하여 미·소 긴장 수위를 높였으며

미국으로 날아오는 미사일을 레이저 광선으로 파괴한다는 계획에 착수했다.

1983년에는 쿠바를 견제하기 위해 그레나다를 침공했고

언론을 통제해 정확한 사실이 미국 내에 퍼지는 것을 막았다.

레이건의 하루 집무 시간은 2~3시간에 불과했고 회의 중 자주 조는 모습을 보였다.

또
주무시네.

우리끼리
계속 하자구.

ZZZ

또한 각료들의 이름을 잘 기억하지 못했고 기본 상식에 어긋난 발언도 잦았다.

나무는 환경오염의
주범입니다.

각하!
각하!

카메라 꺼!

그럼에도 불구하고 그는 미국인들이 원하는 대통령의 이미지를 보여주는 데 능숙해서

당신들 중에 혹시
민주당원 없지?

1981년 괴한의 총격을 받은
뒤 수술대에서 한 농담

재임 기간 내내 레이건의 지지율은 높았다.

레이건,
3선까지
해야 한다!

지금 헌법상으론
2선까지만
가능하다구.

퇴임 후 1994년 부인 낸시 여사는 레이건이 알츠하이머를 앓고 있음을 공식 발표했고

어쩐지 이름이
안 외워지더라.

약 잡수실
시간입니다.

2004년 6월 5일 레이건이 타계하자 미국에는 애도의 물결이 넘쳤다.

Merry Christmas? No! Happy Holiday!

미국에서의 첫 크리스마스!

고유의 명절이 아니다 보니 뭘 해야 할지 어정쩡한 한국과 달리

미국에서는 확실히 연중 최대 명절의 느낌이 났다.

영화관에서는 생소한 배우들이 나오는 가족 영화가 쏟아져 나왔고

집들은 예쁘게 꾸며졌다.

대형마트들은 크리스마스 카드 판매를 시작했다.

나도 지인들에게 보낼 카드를 골랐는데

Merry Christmas…

Merry…

Christmas…

Merry… 어라?

'Merry Christmas' 문구는 없고 온통 'Happy Holiday'뿐이었다.

크리스마스를 기념하지 않는 비기독교인들도 미국에 있다는 점을 반영한 것인데

크리스마스에 문 여는 곳은 중국집뿐!

난 유태인!

다문화 사회에 대한 미국의 고민을 엿볼 수 있었다.

다문화주의는 1990년대 미국에서 화두가 되었던 주제다.

You must come back home~

90년대로!

나의 학창시절!

1990년대에 접어들어 가장 큰 사건은 소련의 해체였다.

1985년 소련 공산당 서기장 미하일 고르바초프의 개혁 개방 정책으로

'페레스트로이카(개혁)' & '글라스토스트(개방)'

나 어릴때 신문에 많이 나온 말!

공산체제에 대한 국민들의 불만이 한꺼번에 터져나오면서 동구권 공산정권이 차례로 무너졌다.

차르르르

꺅!

체코슬로바키아
루마니아
헝가리

이후 러시아 공화국의 실권을 잡은 보리스 옐친이 소련의 해체를 결정했다.

뿅

잘 가라!

한때 냉전의 주역이었던 소련은

민주화, 세계화 물결을 이기지 못하고 15개 독립국가로 조각났다.

러시아
우즈베키스탄
우크라이나

이제 이거 그만하자!

소련의 해체보다 조금 앞선 1991년 1월에는 걸프전이 발발했다.

이라크의 독재자 사담 후세인이 석유 자원 장악을 위해 쿠웨이트를 침략하면서 촉발된 이 전쟁은

가자!
석유 가지러!

다국적군을 등에 업은 미국의 승리로 42일 만에 종결되었다.

두고보자…

이 전쟁으로 베트남전에서 훼손된 미국의 자존심이 회복되었다.

만세!

그래, 이게 원래 우리 모습이지!

대통령 조지 부시의 지지율은 91%까지 치솟았다.

혹시나 해서 말인데 저는 조지 H. W. 부시, 제 아들은 조지 W. 부시입니다.

아무래도 아들 녀석이 더 익숙하실 듯

이렇게 밖으로는 더 이상 대적할 상대가 없는 미국이었지만

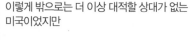

안으로는 다문화화의 가속화로 이에 대한 문제의식이 높아지고 있었다.

이민자 중에서는 아시안과 히스패닉의 증가가 두드러졌는데

您好 !

¿Qué tal?

뭐라는겨

특히 히스패닉은 2000년 인구조사에서 흑인 인구 수를 넘어섰다.

TV만 보면 흑인들이 훨씬 많아 보이는데 우리보다 적었어?

전문가들은 2050년에 이르면 백인 인구 비율이 절반 정도일 것이라고 예측했고

50년 전 이렇게 될 거라고 하더니…

몇몇 학자들은 다문화화가 가진 잠재적 위험에 대해 경고하기도 했다.

이민자들이 미국 문화에 동화될 것인가?

만약 아니라면 미국은 자유민주주의 국가로 존속할 것인가?

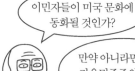

새뮤얼 헌팅턴
Samuel Huntington

이러한 인구변동을 배경으로 하여 '정치적 공정성' 운동이 전개되었다.

'Political Correctness'

줄여서 'PC' 라고 해요.

정치적 공정성 운동은 행위나 언어생활에서 인종, 성, 문화, 종교 등에 따른 차별을 지양하는 운동으로

stewardess?

Nope. 'flight attendant'

이로 인한 변화 중에는 다음과 같은 것들이 있다.

policeman (x)
police officer (o)

Black (x)
African American (o)

Indian (x)
Native American (o)

경찰이 다 남자가 아니니까요.

'아프리카계 미국인'··· 괜찮네.

'인디언'은 인도 사람이 인디언이고!

나는 '아메리카 원주민'!

여기에 대한 반대도 적지 않았다.

'Merry Christmas' 라고 왜 말을 못해!

왜 말을 못하냐고!

여전히 논란이 많지만 미국인들의 언어생활에 많은 변화를 준 것이 사실이다.

미국 가기 전 공부하고 가는 게 좋겠죠?

경제적으로 1990년대 미국은 호황을 누렸다.

전 세계를 아우르는 초국가기업의 성장이 두드러졌고

마이크로소프트사, 델(Dell)사 등으로 대표되는 IT 산업이 융성했다.

요샌 둘 다 예전같지 않죠.

그러나 한편으로는 빈부격차가 심화, 고착화되는 어두운 면도 있었다.

치즈버거세트 나왔습니다~

5년째 제자리….

빈부격차는 인종 문제이기도 했다.

히스패닉의 실업률이 백인의 2배!

흑인 가정의 3분의 1 이상이 빈곤 상태에 놓여 있었다.

흑인 젊은이들 실업률은 50%에 육박한다구!

불행 배틀인가!

1991년 3월 3일 LA에서 흑인 청년 로드니 킹이 경찰의 과속운전 정지 지시를 무시하고 달아나다가 붙잡혔다.

붙잡힌 킹은 경찰에 의해 구타를 당했는데 이 장면이 우연히 인근 주민의 캠코더에 찍히게 되었다.

이 영상이 공개되면서 경찰들이 기소되었는데

대다수가 백인인 배심원단에 의해 결국 무죄 평결이 내려지자

이에 격분한 LA의 흑인들이 들고 일어났다.

흑백 갈등으로 촉발된 폭동이었지만 히스패닉계가 가장 많이 체포되었고 한인들의 경제적 피해가 가장 컸다.

LA폭동은 1990년대 미국 인종 갈등의 현주소를 보여주는 사건이었다.

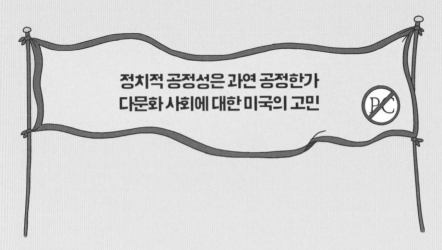

'정치적 공정성Political Correctness' 운동은 행위나 언어생활에서 인종, 성별, 종교 등에 대한 차별을 지양하는 운동으로 1990년대 미국에서 화두가 되었던 이슈다. 이 운동은 1980년대 대학을 중심으로 전개되기 시작하여 장애인을 의미하는 단어인 'disabled'를 'handicapped'로, 소방관을 의미하는 'fireman'을 'fire fighter'로 대체하는 등 미국인의 언어생활에 많은 변화를 가져왔다. 그러나 정치적 공정성 운동이 모든 사람에게 환영받았던 것은 아니며 때로는 운동에 참여한 사람들 사이에서도 비판의 소리가 높았다.

반대 진영이 지적하는 정치적 공정성 운동의 문제점 중 하나는 운동에 공감하지 않는 사람들에 대한 배타적인 자세다. 반대자들은 정치적 공정성 운동이 '공정한' 언어를 사용하지 않는 사람들에게 쉽게 '인종차별주의자'나 '성차별주의자'라는 딱지를 붙이고 있으며, 이러한 행태가 1950년대 반공산주의 열풍인 매카시즘과 다를 바 없다고 비난했다.

정치적 공정성을 반영한 조치가 때때로 상식적으로 받아들이기 힘들다는 것도 문제점으로 지적되었다. 이것은 미국의 교과서 출판업체들이 세운 정치적 공정성에 대한 지침에서 잘 드러난다. 각 출판사마다 수백 가지에 달하는 지침은 다음과 같은 것들이다.

여성을 상냥한 인물로, 남성을 거친 인물로 묘사하면 안 된다. 노인에 대해서 '외로운', '완고한' 등의 형용사를 써서는 안 된다. 몸에 해로운 케이크 그림을 넣으면 안 된다. 흑인들을 운동선수로 묘사해서도 안 된다. 아시아계 미국인 학생을 모범생으로 묘사해서는 안 된다. 땅콩을 건강에 좋은 음식으로 묘사하면 안 된다(땅콩에 알레르기 반응이 있는 학생들이 있으므로).

전래동화를 '정치적으로 공정하게' 각색한 책
《정치적으로 공정한 옛날 이야기》

정치적 공정성을 반영한 언어 사용에서도 이러한 문제점이 지적되곤 한다. 정치적 공정성을 주장하는 사람들은 '가난한poor' 대신 '경제적으로 준비되지 않은economically unprepared'을, '약물 중독자drug addict' 대신 '화학적으로 도전받는 사람chemically challenged'을, '장애인disabled' 대신 '불리한 조건에 있는 사람handicapped'을 쓰는 것도 모자라 '능력을 달리 타고난 사람differently abled'을 쓸 것을 제안하는데 이것이 상식적으로 쉽게 받아들이기 어렵다는 것이다.

이러한 문제점 때문에 정치적 공정성은 1990년대 미국 미디어에서 자주 희화화되곤 했다. 1993년부터 2002년까지 ABC채널은 코미디언 빌 마허가 진행하는 〈정치적으로 불공정한Politically Incorrect〉이라는 코미디 토크쇼를 방영했다. 또

한 1994년에는 정치적 공정성이 범람하는 대학 캠퍼스를 배경으로 한 코미디 영화 〈PCU〉가 개봉했고, 전래동화를 '정치적으로 공정하게' 각색한 《정치적으로 공정한 옛날 이야기Politically Correct Bedtime Stories》가 출간되어 인기를 끌었다.

이러한 맥락에서 '정치적 공정성'이란 용어는 다소 조롱 섞인 의미로 쓰일 때가 많으며, 현재는 자주 쓰이지 않는다. 하지만 정치적 공정성 운동이 반영하는 다문화 사회에 대한 미국의 고민은 여전히 현재진행형이다. 최근 미국에선 매해 크리스마스 때마다 공공장소에서의 예수 탄생 조형물 설치를 놓고 찬성과 반대 입장이 맹렬하게 대립했다. 비기독교인 이주민이 증가하고 백인 인구 비율이 감소 추세에 있는 점을 감안한다면 앞으로도 다문화화를 둘러싼 논생은 계속될 것이다.

뭐야 그게…

미국 원주민?
그냥 원래대로
미국 인디언
이라고 하지….

*당사자들이 새 용어를
거부하는 경우도 많다.

PART 11

팍스 아메리카나는 어디로 가는가

부시, 테러로 상승하고 이라크 전쟁으로 몰락하다

경제대공황의 위기 앞에 선 오바마

경제 회복기의 IT기업, 세계인의 삶을 바꾸다

미국 최초 흑인 대통령의 탄생, 역사는 오바마를 어떻게 기억할까?

부시, 테러로 상승하고 이라크 전쟁으로 몰락하다

같은 과 동기 세라

내가 첫 학기 적응하느라 힘들었을 때

옆에서 많은 도움을 주었던 친구다.

이 문장은 이렇게 고치면 좋을 것 같아.

아항~

세훈, 아예 내일 저녁 우리집으로 올래? 식사도 같이 하고 네 페이퍼도 봐줄게.

?

당황하면 안 돼!

얼굴 빨개지면 안 돼!

그… 그래.

푸슈우~

세라의 집에 초대를 받았다.

이따가 이메일로 집 주소 알려줄게.

어… 응….

CLICK!

안녕! 나와 제이콥은
너의 방문을 환영해!

우리집 주소는
xxx ooo . . . .

안녕! 나와 제이콥은

나와 제이콥은

세라에게는 같이 사는 남자친구가 있었다.

으아아아아
제이콥!

Call 911!

다음 날 만난 세라와

…제이콥은

나에게 정말 잘해주었다.

피자 더
먹을래?

음료수
더 줄까?

춥니?
히터 틀까?

제이콥
미안…

다른 대학교 대학원생인 제이콥은 정치 문제에 관심이 많았는데

미국의
일방주의적
외교정책이
문제야.

부시정부에 대단히 비판적이었다.

7년째
집권이라니…
이제 지겨워.

나도 거들기 시작했고

그렇게 화기애애한 밤이 깊어갔다.

2001년 9·11 테러 사건은

미국은 안전하다고 믿었던 많은 사람들의 인식을 완전히 바꿔놓았다.

* 당시 군복무 중이던 홍작가의 내무반

야, 저거 영화가?

진짜지 말입니다.

대참사 속에서 피어난 인간애가 미디어의 주목을 받았고

전 세계가 애도의 뜻을 전했다.

"Nous sommes tous americains (우리는 모두 미국인이다)."

프랑스 일간지 〈르몽드〉

대통령 조지 W. 부시는 강한 종교적 언어로 미국인의 단결을 촉구했고

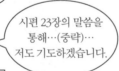

오늘 밤, 슬픔에 잠긴 사람들을 위해 기도해주실 것을 당부드립니다.

시편 23장의 말씀을 통해…(중략)… 저도 기도하겠습니다.

미국인들은 전폭적인 지지를 보냈다.

지지율 82%

나에게 힘을!

* 2002년 조사

9.11로 안보가 지상과제가 되면서 미국사회는 급격히 보수화되었다.

우향우!

FBI의 가택 수색과 감시가 법원 승인 없이 가능해졌고 체포와 감금이 무분별하게 이루어졌다.

오사마 빈 라덴과 무슨 관계냐!

그 사람은 오사마고 전 욘사마…

보수 기독교인들도 목소리를 높였고

이교도, 동성애자, 페미니스트들 때문에 하느님이 보호의 장막을 거두신 것이다!

목사 제리 폴웰

2003년 UC버클리대 조사에서 응답자의 59%가 공립학교 내 기도문 암송에 찬성했다.

주님 안에서 대동단결!

모두가 보수화 흐름에 동참했던 것은 아니었으나

어떤 것도 9·11을 정당화할 수 없다.

그러나 '미국이 죄 없는 희생자'라는 생각은 미국이 그동안 한 일들을 무시했을 때나 가능하다.

놈 촘스키 Noam Chomsky

그러한 견해는 비난받기 일쑤였다.

궤변론자!

살인자들을 옹호하는 거냐!

'선과 악'의 이분법적 도식 안에서 부시는 강경 군사정책을 폈다.

9.11 직후 미군은 테러의 배후자 오사마 빈 라덴의 근거지로 지목된 아프가니스탄을 공격했고

미국을 겨냥한 대량살상 무기를 개발하고 있다는 명목으로 이라크 공격을 계획했다.

2003년 3월, 대량살상 무기의 존재에 대한 근거가 부족함에도 불구하고 이라크 전쟁이 시작되었다.

압도적인 미군의 화력으로 전쟁은 한 달 만에 미군의 승리로 끝났으나

곳곳에서 반란이 계속되어 미군 사망자가 꾸준히 증가했다.

이에 미국 내외부에서는 반대의 목소리가 커졌다.

뉴욕의 UN본부 앞에서 50만 명이 운집한 반전 시위가 일어났다.

할리우드 스타들도?!

수전 서랜던   대니 글로버

아프간과 이라크 전쟁에서의 민간인 오폭이 국제적 비난을 받았고

이라크의 대량살상 무기가 없었던 것으로 판명되면서 전쟁의 정당성이 도마 위에 올랐다.

없음 말고….

이거 어떡할 거야!

할리우드에서는 미국의 군사정책에 대한 비판적 시각을 담은 영화들이 여럿 제작되었다.

중동의 석유이권을 차지하기 위한 미국의 공작을 그려낸 영화 〈시리아나〉 중에서

특히 마이클 무어는 〈화씨 9/11〉, 〈식코〉 등 미국사회에 대한 비판적인 다큐멘터리 영화로 주목을 받았다.

Michael Moore (1954년생)

2005년 여름 허리케인 카트리나가 뉴올리언스 지역을 강타했다.

대참사의 피해자는 대부분 가난한 흑인들이었다.

무려 1,800여 명이 사망했어요.

정부가 늑장 대응했음이 드러나면서

각하, 카트리나가 뉴올리언스를 강타….

카트리나? 뭐하는 여자야?

그동안 가려 있던 인종과 계급 문제가 다시금 조명을 받았다.

우리가 백인이었어도 그랬을까?

인종차별의 대참사다!

이라크 전쟁에 대한 국민 여론도 계속 악화되어 2005년 가을 부시의 지지도는 40% 이하로 떨어졌다.

푸슉~

원기옥이!

그러나 이것은 이후 이어질 더 큰 재앙의 전주곡에 불과했다.

뭐지? 지진인가?!

쿠 쿠 쿠 쿠

COMING SOON

경제대공황의 위기 앞에 선 오바마

어느새 2년이 지나갔고

방금 뭐가
지나갔는데?

2년

흭

석사 논문을 제출했다.

불태웠다
새하얗게…

세라는 남자친구와 함께 같은 대학 박사과정
에 합격해

내가 가고 싶었던
대학은 아니지만

제이콥과
떨어져
지낼 순
없으니까.

논문을 제출하자마자 그 지역으로 이사했다.

논문 디펜스(심사위원회로부터 논문 평가를
받는 일)를 준비하던 어느 날

세라에게서 이메일이 왔다.

어?
세라?

헤이 세훈!
난 여기 잘 정착했어.
우리집 사진 보내니까
한번 보렴.

내가 일단 여기로
이사 오긴 했는데
아직 디펜스를 못했어.

조만간 다시 더럼에 가서
2박 3일 정도 지내야
할 것 같아.

오! 그럼
밥이라도
같이….

나 그때 너희
집에서 자도 돼?

푸우

CULTURE SHOCK!

세라가 오기로 했다.

우… 우리집
스튜디오룸
(원룸)인데….

칸막이가 있긴
하지만…

타닥
타닥

어느새 세라와의 마지막 티타임 시간이 왔다.

지난 2년간의 일들에 대해 이런저런 이야기를 나누다가

세라가 제이콥 이야기를 꺼냈다.

놀라긴….

결혼 안 해도
같이 살 거야.

아…

그는 빚이 많거든.

결혼하면 나도
그 빚에 책임을
져야 해.

나도 빚이
좀 있고.

둘 다 공부만
오래 하다 보니
그렇게 됐지.

아마 평생
갚아나가야
할 거야.

그래도 내년엔
아이를 가지려고 해.

나도 나이가
있으니까.

미국인들은 친한 사이라고
해도 자신의 고민을 쉽게 터
놓지 않는다.

내게 그런 이야길 해주니 고
마운 마음이 들었다.

찌잉~

이야기는 오래 계속되었다.

부시 집권 시기의 화두가 테러와의 전쟁이었다면

Bring 'em on
(덤벼봐)!

오바마 정부의 미국이 골몰한 가장 큰 문제는 경제였다.

문제는 경제야 바보야!

경제 살리느라 죽겠다!

2009년 오바마의 당선 이후 높은 실업률, 베이비부머의 은퇴 등 다양한 문제들이 끊임없이 도마 위에 올랐고

대학생들이 학자금 대출로 졸업 후 신용 불량자가 되는 상황…

이게 지금 한국 얘기야 미국 얘기야?

2012년 대선에서도 경제가 가장 중요한 이슈로 논의되었다.

실업률 8% 아래로 떨어뜨렸다!

여전히 높은 수치다!

이 모든 것은

쿠 쿠 쿠 쿠

뭐야! 어떤 놈이냐!

2008년 서브프라임 모기지 사태에서 시작되었다.

엄마

SUBPRIME MORTGAGE

2000년도 초부터 미국의 집값은 꾸준히 상승했다.

또한 저소득층에게도 주택 담보 대출이 쉽게 가능해졌는데 이 대출상품이 바로 서브프라임 모기지다.

미영씨…
어떤 사람일까?

김미영 팀장입니다.
신용 등급 낮아도
대출 가능합니다.

집을 샀다 하면 값이 오르니 투기 붐이 일어났고 서브프라임 대출도 계속 늘었다.

쏭도 사면
대박이래!

대출 받아서
집 사자!

그러나 2006년부터 주택 가격의 거품이 꺼지고 금리까지 오르자

쏭도 부동산
가격 폭락!

대출자들이 빚 상환을 포기하는 상황이 속출했다.

신용불량자
됐다!

그러자 서브프라임 모기지 업체도 파산하게 되었고

투자한 금융기관들도 줄줄이 손실을 입으면서 대규모 경제 위기가 발생했다.

2008년 9월 투자은행 리먼 브러더스의 파산으로 금융 위기는 절정에 달했다.

미국 역사상 최대 규모의 기업 파산이죠.

자랑이냐!

리먼 브러더스

주가가 폭락했고

875만 개의 일자리가 없어졌다.

미국 경제가 흔들리자 세계 경제도 출렁거리기 시작했다.

Spain

UK

Iceland

한국 역시 증시가 크게 하락했고 경상수지가 흑자에서 적자로 돌아섰다.

웨엑!

한국

1930년대의 세계 경제대공황이 다시 오는 것이 아닌가 하는 우려가 커졌다.

경제 대공황

당시 나의 학교 생활은 어떠했는가?

경제 위기고 뭐고 당장 페이퍼!

미국이 곧 망할 것처럼 이야기하는 뉴스가 무색하게 학교는 여느 때와 다름없이 돌아갔다.

그래서 상아탑이지.

다만 환율 폭등은 유학생들에게 큰 문제였다.

1,500원대!

유학생 커뮤니티 사이트는 어려움을 하소연하는 글로 넘쳐났다.

군대갑니다

담배 끊었어요

여친 끊었어요

나는 다행히 장학금이 달러로 오는지라 큰 어려움은 없었지만

너 임마 운 좋은 줄 알고 열심히 공부해.

네!

The Fulbright Program

크게 오른 휘발유값 탓에

헐!

차ㄹㄹㄹㄹ

$

대체로 방콕하며 지내야 했다.

지구에겐 좋은 일이야

경제 회복기의 IT 기업, 세계인의 삶을 바꾸다

금융 위기 기간 동안 많은 전문가들이 미국의 몰락을 예상했지만

현재까지 미국은 꾸준히 경제 회복의 과정을 밟고 있다.

미국 정부는 신속하고 과감한 양적완화 정책을 펴는 등 노력을 다하고 있고

GM과 크라이슬러는 2009년 파산 신청 40여 일 만에 파산보호에서 졸업했다.

또한 2011년에는 외국인 관광객과 유학생이 사상 최대로 증가하는 등 민간 부문의 활약도 두드러졌다.

이러한 노력에 힘입어 고용과 민간 소비가 증가하는 등 미국 경기는 많이 호전되었다.

미국 경제의 회복기에 가장 돋보이는 존재는 IT 기업들이었다.

2004년에 설립된 페이스북이 8년 만에 시가 총액 천억 달러의 회사로 성장했고

I'm CEO, Bitch!

페이스북 창업자 마크 저커버그

전 세계 검색 시장을 접수한 구글은 시가총액 미국 7위에 올랐다. (2012)

검색, 이메일, 지도….

구글 없는 미국생활은 상상할 수도 없어.

하지만 뭐니뭐니 해도 이 시기 주역은 모바일 혁명의 선구자 애플이었다.

Stay hungry. Stay foolish.

잡스 형!

2007년 아이폰으로 스마트폰 시대를 열어젖힌 애플은

외계에서 온 것 같다!

키패드가 없어!

전 세계 IT산업을 재개편하며 시가총액 세계 1위에 올랐다. (2012)

SAMSUN

미국의 IT산업 발전은 경제 효과를 넘어 전 세계인들의 라이프 스타일에 큰 영향을 주었다.

특히 모바일 기기는 전 세계인들의 삶의 일부분이 되었다.

애플의 아이튠즈는 출판물, 음악, 게임 등이 유통되는 새로운 모델이 되었고

페이스북과 같은 SNS(Social Network Service)는 소통의 중요한 방식이 되었다.

또 구글의 유튜브로 전 세계 수십억 명이 같은 콘텐츠를 보고 느낌을 공유한다.

이런 모습이 단 몇 년 사이에 흔한 광경이 되었다.

2012년에는 오바마 대통령이 압도적 표 차이로 재선에 성공했다.

저는 우리가 선조들의 약속, 즉 당신이 누구이든 열심히 일한다면 상관없다는 것을 지킬 수 있다고 믿습니다.

당신이 흑인이든 백인이든, 히스패닉이든 아시안이든 동성애자든 이성애자든, 노력한다면 이곳에서 꿈을 이룰 수 있습니다!

와 와 와

그의 연설은 변화하는 미국의 모습을 보여주는 것이었다. 미국 내 유색인종의 인구 비중이 크게 증가했고

백인의 38%가 오바마를 지지, 60%가 롬니를 지지했는데 졌다.

백인 유권자를 공략하는 공화당 전략에도 차질!

동성결혼 합법화가 빠르게 진행되고 있으며

미국인의 58%가 동성결혼을 지지!

정부의 복지 지출도 늘어나고 있다.

여기 미국 맞아?!

물론 미국 최초 흑인대통령 오바마야말로 미국이 새로운 시대로 접어들고 있다는 가장 큰 상징이다.

다음은 최초의 여성 대통령차례!

미국은 유사 이래 가장 강력한 초강대국이다.

어느 한 권력체가 전 세계를 그토록 압도적으로, 그리고 안정적으로 지배한 것은 유사 이래 처음이다.

놈 촘스키

경제적, 정치적으로 미국의 입지는 예전과 같지 않지만

여어!

미국 국채 최대 매입 국가!

짝

과감한 혁신과 개혁으로 여전히 '팍스 아메리카나'가 유효함을 보여주고 있다.

CHANGE!

미국이 앞으로 어떻게 변화하고

또 그 변화와 맞물려 세계 질서가 어떻게 움직이는지 관찰하는 일은

앞으로도 계속 중요한 작업이 될 것이다.

재밌는 작업이기도 하고요.

미국은 우리나라와 정치, 군사적으로 오랜 동맹관계를 맺어왔으며

와썹, 맨?

어, 왔어.

문화적으로도 우리 삶에 깊숙이 들어와 있다.

이 작은 나라에서 미국에 가장 많은 외국인 유학생을 보내고 있고(2006년 기준)

너희 나라엔 대학이 없니?

1 한국

2 인도

3 중국

약 240만 명의 교포가 미국사회에서 활동하며 본국과도 교류하고 있다.

지금은~ 소녀시대!

앞으로도 소녀시대!

티파니

제시카

그런 점에서 미국은 우리 자신의 일부이며, 미국을 아는 것이 중요한 또 하나의 이유다.

요새 미드 뭐 봐?

양적완화가 이제 축소된다지?

이모! 미시간은 요새 날씨가 어때요?

국내 금리도 인상될 텐데 걱정이다.

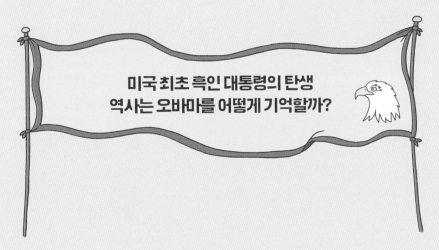

미국 최초 흑인 대통령의 탄생
역사는 오바마를 어떻게 기억할까?

버락 오바마라는 '흑인'이 미국 대통령에 당선되어 전 세계를 놀라게 한 것도 이제는 오래 전 일이 되었다. 경제 위기의 시기에 당선된 대통령인 만큼 책임은 막중했으나 국정 운영은 수월하지 않았고, 공화당과의 갈등으로 급기야 정부가 셧다운(폐쇄)되는 사태까지 발생했다. 재임에 성공한 오바마의 임기는 아직 좀 더 남았지만, 말도 많고 탈도 많았던 오바마 정부의 지난 5년을 돌이켜볼 때 한번쯤 해볼 만한 질문이다. 역사는 오바마를 어떻게 기억할까?

현재 미국 내에서 오바마의 지지율은 낮은 편이다. 지난 2014년 2월 CNN이 발표한 여론조사 결과에 따르면 '오바마 대통령이 잘하고 있다'는 응답은 42%로 취임 이래 최저 수준이었으며, '잘 못하고 있다'는 응답은 53%였다. 이러한 낮은 지지율은 미국 경제의 더딘 회복 속도,

건강보험개혁법(PPACA, 일명 오바마케어)의 시행 차질, 에드워드 스노든이 폭로한 국가안보NSA의 광범위한 도감청 실태 등으로 설명된다. 특히 NSA의 각국 정상들에 대한 도청 행위는 국제사회 전체로부터 지탄을 받고 있다.

그럼에도 불구하고 미국 대통령 최초로 동성결혼에 지지를 표명한 것이나, 최저임금을 상향 조정하는 행정명령에 서명한 것은 미국 내 다수로부터 좋은 평가를 받는다. 동성애자와 저임금 노동자에 대한 오바마의 조치는 그가 흑인이라는

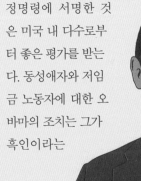

사실과 맞물려 '소외계층에게 공감할 수 있는 대통령'의 이미지를 대중에게 심어준 듯하다.

이렇게 다양한 시각이 공존하는 상황이지만, 오바마가 임기를 마쳤을 때 그에 대한 평가는 경제 회복 여부와 건강보험 개혁의 성과로 판가름 날 전망이다. 2008년 서브프라임 모기지 사태로 촉발된 경제 혼란은 1930년대 경제대공황 이래 최대 위기로 기록되며 여전히 해결되지 않은 상태다. 미국 내외부에서는 팍스아메리카나의 종언에 대한 전문가들의 논의가 이어졌고 미국인들은 갑작스런 실업률 증가와 집값 폭락에 당혹스러워 했다.

현재까지 오바마의 경제위기 대처는 대체로 긍정적인 평가를 받는다. 여러 경제지표는 미국 경제가 느리지만 꾸준히 회복 중임을 나타내고 있다. 미국 노동부가 2014년 2월 발표한 자료에 따르면 실업률은 6.6%를 기록해 2008년 10월 이후 최저치를 기록했고, 백악관이 3월 연방의회에 제출한 경제보고서는 미국 정부의 재정적자가 5년여 만에 절반 이상 줄었음을 나타냈다.

반면 건강보험개혁은 오바마 정부의 가장 큰 개혁안이자 골칫거리로 남아 있다.

건강보험개혁법은 오바마가 '대통령에 출마한 이유'라고 밝혔을 정도로 그에게 중대한 사안이다. 오바마 행정부는 제도 시행을 앞두고 지난해 말부터 웹사이트를 통해 시민들에게 보험 상품을 구입하도록 했으나 웹사이트가 제대로 작동하지 않으면서 국민들의 불만이 터져 나왔다. 공화당은 이러한 혼란을 놓치지 않고 오바마케어를 '총체적 실패'로 규정하며 제도 폐지를 주장했다. 오바마는 제도 시행에 차질이 있었음은 인정하나 마침내 시행 단계에 들어선 것은 큰 성과임을 강조하고 있다. 오바마케어의 성공 여부는 2014년 11월 중간선거 결과를 통해 어느 정도 윤곽이 드러날 전망이며, 그 결과는 오바마의 업적 평가에 결정적 역할을 할 것이다.

결과야 어찌되었든 역사가 오바마에게 붙이는 첫 번째 수식어는 '미국 최초의 흑인 대통령'이 될 것임에는 분명하다. 오바마의 대통령 당선은 미국 역사가 결정적인 변화의 순간을 맞이했다는 증표였다. 미국 경제가 성장 궤도에 오르고 건강보험개혁이 긍정적인 성과를 거둔다면 그 변화는 더 희망적인 말들로 기록될 수 있을 것이다.

헐, 나 폭삭
늙은거 봐…

EPILOGUE

저···
저기···.

홍작가 님 맞죠?
사인 좀 해주세요.

아, 네.

책 정말
잘 읽었어요.

아유, 네
감사합니다.

아직 나오지도
않은 책인데
반응이 좋으니
참 다행이죠.

그러게
말예요.

성함이?

그러고 보니
아직 책 안 나왔···.

에?

아이고 만화
콘티 다 젖었네.

슥슥

벌떡

배고프다.

쌀 떨어졌어!

꼬르륵

미국을 떠나온 지 4년이 지났다.

2009년 4월 졸업논문 심사(디펜스)를 마치고 나서

주절주절 횡설수설….

쓸 만한 가재 도구를 팔고

괜찮네요. 사겠습니다.

지인들과 작별인사를 나눴다.

전화 종종 하고….

담배 좀 줄여요 형.

5월 초 졸업식을 치렀고

사진 좀 많이 찍을걸.

학교 채플 종탑에 올라가 그동안 정든 캠퍼스를 내려다본 뒤(졸업예정자를 위한 연례행사였다)

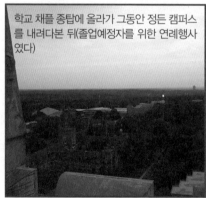

미국을 떠났다….

이후 말레이시아의 한 대학에서 8개월간 한
국어 강사 일을 했고

귀국한 뒤에는 회사에 취업해 평범한 회사원
의 삶을 살았다.

그러는 와중에 손형은 결혼을 했다(아직 박사
과정 중에 있다).

미국 친구들은 대부분 박사과정에 진학, 공부
를 계속했다.

세라와는 얼마간 연락을 주고 받다가 소식이
끊겼는데

바라던 대로 제이콥 닮은 아이와 함께 행복하
게 지내고 있으리라 믿는다.

바쁜 회사생활 속에서 미국생활은 아련한 추억이 되었고

미국에 대한 흥미도 옅어졌다.

그게 종착역이려니 했다.

그러다가 어느 시점에 찾아온 생각에

회사를 그만두고

만화를 그리는 일을 택했다.

다시 미국에 관한 자료를 추리고 기억을 더듬으며

미국의 역사와 그곳에서의 생활에 대한 생각들을 정리한다.

나는 미국을 좋아한다.

호기심을 자극하는 그들의 역사와 문화가 재미있고

미국 사람들의 격의없는 친근함이 좋다.

앞으로도 나는 계속 미국을 관찰하고 그려낼 것이다.
그런 기쁨을 알게 해준 미국에서의 배움과 추억들에 감사한다.

작가님, 빨리
나오세요.

네, 네.
갑니다.

2만 원이나…

아 진짜 책
잘 돼야 하는데
….

THE END

● **사진출처** 43p, 215p ⓒDavid Shankbone ┃ 217p ⓒTom Palumbo ┃ 309p ⓒWilliam Warby

미국, 어디까지 알고 있니?
비행기에 오르기 전 꼭 읽어야 할 미국의 역사

초판 1쇄 발행 2014년 6월 5일
초판 11쇄 발행 2023년 12월 4일

지은이 홍세훈
발행인 이재진 **단행본사업본부장** 신동해
편집장 김경림 **디자인** 황소자리
마케팅 최혜진 이은미 **홍보** 반여진 허지호 정지연 송임선
국제업무 김은정 **제작** 정석훈

브랜드 웅진지식하우스 **주소** 경기도 파주시 회동길 20
문의전화 031-956-7366(편집) 02-3670-1123(마케팅)
홈페이지 www.wjbooks.co.kr
인스타그램 www.instagram.com/woongjin_readers
페이스북 www.facebook.com/woongjinreaders
블로그 blog.naver.com/wj_booking

발행처 (주)웅진씽크빅 **출판신고** 1980년 3월 29일 제406-2007-000046호

ⓒ홍세훈, 2014
ISBN 978-89-01-16521-9 03940

* 책값은 뒤표지에 있습니다.
* 잘못된 책은 바꾸어드립니다.